ROTEIRO DE AUDIÊNCIAS TRABALHISTAS

E AS ALTERAÇÕES COM A REFORMA TRABALHISTA

O que mudou com a reforma trabalhista, acerca das audiências?

Como fazer uma boa petição que convença o Juiz?

Teoria com base em princípios e aplicação prática.

Gleibe Pretti

Advogado e árbitro do Ministério da Cultura MinC – DDI. Professor Universitário de graduação e pós-graduação, assim como de cursos preparatórios. Pós-graduado em direito constitucional e direito do trabalho. Mestre pela Universidade de Guarulhos – Univeritas. Doutorando em educação pela Universidade Metodista de SP. Autor de diversas obras na área.

ROTEIRO DE AUDIÊNCIAS TRABALHISTAS

E AS ALTERAÇÕES COM A REFORMA TRABALHISTA

O que mudou com a reforma trabalhista, acerca das audiências?

Como fazer uma boa petição que convença o Juiz?

Teoria com base em princípios e aplicação prática.

EDITORA LTDA.

© Todos os direitos reservados

Rua Jaguaribe, 571
CEP 01224-003
São Paulo, SP — Brasil
Fone (11) 2167-1101
www.ltr.com.br
Março, 2018

Versão impressa — LTr 5921.1 — ISBN 978-85-361-9517-9
Versão digital   — LTr 9322.3 — ISBN 978-85-361-9579-7

Dados Internacionais de Catalogação na Publicação (CIP)
(Câmara Brasileira do Livro, SP, Brasil)

Pretti, Gleibe

Roteiro de audiências trabalhistas e as alterações com a reforma trabalhista/ Gleibe Pretti. – São Paulo : LTr, 2018.

Bibliografia.

1. Audiência (Direito) 2. Direito processual do trabalho – Brasil 3. Reforma constitucional – Brasil 4. Trabalho – Leis e legislação – Brasil I. Título.

18-12245   CDU–347.939:331(81)

Índice para catálogo sistemático:

1. Brasil : Audiências trabalhistas : Direito processual do trabalho 347.939:331(81)

Obrigado a minha esposa e aos meus filhos por tudo. Amo vocês.

Agradeço a Deus, ao nosso Senhor Jesus Cristo e a todos os mensageiros do bem pela oportunidade de escrever mais uma obra.

A todas as pessoas da minha vida, pois aprendo um pouco, de tudo, com todos.

SUMÁRIO

Apresentação 13

CAPÍTULO 1
Princípios do direito processual do trabalho 15
Princípios específicos 17
Princípio da simplicidade dos atos processuais 18
Princípio da despersonalização do empregador 20
Princípio da extra-petição 20
Oralidade 21
Identidade física do juiz 22
Imediação 22
Irrecorribilidade 22
Contraditório e ampla defesa 23
Imparcialidade 24
Livre convicção 25
Motivação das decisões 25
Conciliação 26
Jus postulandi 26
Devido processo legal 27
Duplo grau de jurisdição 27
Boa-fé 28
Eventualidade 29
Preclusão 29
Perempção 30
Impugnação especificada 30
Proteção 31

CAPÍTULO 2
Comunicação dos atos processuais 32
Publicidade dos atos processuais 38
O princípio da publicidade dos atos processuais 41
Termos processuais 54
Forma dos termos 54

CAPÍTULO 3
Partes e procuradores 55
Conceito 55

Denominação...........57
Capacidade...........58
Capacidade de ser parte...........58
Capacidade processual...........59
Jus postulandi...........63

CAPÍTULO 4
Honorários Advocatícios e Assistência Judiciária Gratuita...........67
Representação e assistência...........74
Representação das pessoas físicas...........75
Representação do empregado por sindicato...........75
Representação do empregado por outro empregado...........76
Representação na reclamatória plúrima e na ação de cumprimento...........77
Representação dos empregados menores e incapazes...........77
Representação das pessoas jurídicas e outros entes sem personalidade...........79
Estagiário...........84
O dever de lealdade, veracidade e boa-fé das partes e de seus procuradores...........85
Litigância de má-fé...........85
Mandato tácito e *apud acta*...........86
Substituição processual...........89
Sucessão processual...........93
Litisconsórcio...........95

CAPÍTULO 5
Consequências e procedimentos...........100
Audiência...........104
Conceito, função e conteúdo...........105
Estrutura...........107
Proclamação pelo juiz e pregão inicial pelo oficial de justiça...........107
Conciliação...........107
Fixação dos pontos controvertidos...........108
Instrução oral...........108
Sentença...........109
Memoriais...........110
Conversão do julgamento em diligência...........110
Incidentes e decisões em audiência...........110
Documentação da audiência...........111
A unidade da audiência e casos de interrupção...........111
Adiamento da audiência de instrução e julgamento...........112
Ausências...........113

Ciência da nova designação (interrupção, adiamento ou antecipação da audiência) 114
Princípios da audiência trabalhista. 115
A audiência una trabalhista e o princípio constitucional do contraditório e o princípio da razoabilidade 117
Situações práticas do dia a dia em uma audiência 122
Arquivamento 126
Advogado preposto..127
Revelia e confissão ficta 128
A presunção de veracidade dos fatos não ocorrerá.............................128
Propostas conciliatórias 129

CAPÍTULO 6
Das respostas do reclamado..130
Defesa indireta do processo de caráter dilatório – Exceção 130
Da exceção de impedimento...131
Exceção de suspeição 131
Exceção de incompetência relativa 132
Forma da exceção 132
Da preclusão para se arguir suspeição ou impedimento...................132
Momento para se arguir impedimento 133
Suspeição...133
Processamento...133
Defesa indireta contra o processo de caráter peremptório................134
Defesa indireta de mérito – Prejudiciais de mérito. 135
Arguição da prescrição – Momento 136
Defesa de mérito...137
Ações dúplices e reconvenção 138
Contestação por negativa geral..138
Princípio da eventualidade 139

CAPÍTULO 7
Provas..146
Conceito de prova 146

CAPÍTULO 8
Fase decisória – Razões finais – Sentença nos dissídios individuais....166
Razões finais..166
Referências bibliograficas 171

Apresentação

A presente obra visa atender a um nicho de mercado, até então pouco explorado, que são temas de audiências trabalhistas.

Do ponto de vista prático, a audiência, a meu ver, é a fase processual mais importante, em que o Juiz irá colher e analisar as provas em seu conjunto.

Assim, a realização de uma boa audiência, por parte do advogado, orientando seu cliente e testemunhas assim como fazendo perguntas pertinentes ao processo é um ato que ajudará, e muito, o resultado positivo de sua tese.

Nessa obra, ainda buscamos trazer uma novidade na editoração do Brasil, textos da internet acerca do assunto tratado. Explico. É correto afirmar que a rede mundial de computadores traz em seu bojo novidades constantes e de uma forma rápida a todos os internautas, desta forma, escolhemos os melhores textos da rede para contribuir para o conhecimento do assunto em específico nessa obra. O que nos ajudou demais a tecer informações sobre o assunto.

De um modo geral, esse livro atende ao estudante de Direito que pretende se especializar no direito do trabalho, assim como os profissionais já formados para se atualizarem na seara trabalhista e melhorar seu trabalho e, outrossim, abrir novos campos de trabalho.

Agradeço pela escolha e bons estudos.

Gleibe Pretti

Advogado e árbitro do Ministério da Cultura MinC – DDI.

Professor Universitário de graduação e pós-graduação, assim como de cursos preparatórios.

Pós-graduado em direito constitucional e direito do trabalho.

Mestre pela Universidade de Guarulhos – Univeritas.

Doutorando em educação pela Universidade Metodista de SP.

Autor de diversas obras na área.

professorgleibe@gmail.com

PRINCÍPIOS DO DIREITO

PROCESSUAL DO TRABALHO

Por se tratar de uma ciência distinta, o processo do trabalho, tem princípios próprios com o objetivo de conceder ao exegeta uma interpretação específica dos fatos e aplicação correta da norma.

Neste contexto, princípio é o início de algo, surgimento de uma nova situação. Ou seja, é a essência de determinado direito.

Na verdade, princípios são situações genéricas, mas sempre ligadas a verdade, e essa ligação é muito importante para a argumentação de uma tese. Assim sendo, os princípios têm uma função que depende do ponto de vista. Informativa, normativa e interpretativa.

Por falta de compilação própria os princípios são tratados de forma individualizada em cada doutrina. Busquei em nossa obra, trazer o maior número de princípios com jurisprudência.

Assim sendo, os princípios têm o objetivo de dar parâmetros para a interpretação e aplicação da norma.

Nesse sentido segue o artigo encontrado no site: http://pt.shvoong.com/law-and-politics/labor-law/585727-princ%C3%ADpios-processo-trabalhista/ em que determina:

> Antes de adentrar ao estudo dos **princípios processuais** aplicados nas lides trabalhistas, importante lembrar que os princípios processuais constitucionais também aplicados à ela, dentre eles podemos destacar: a) contraditório e ampla defesa; b) juiz natural;

c) publicidade; d) efetividade; e) fundamentação das decisões; f) duplo grau de jurisdição. O processo do trabalho tem como objetivo assegurar uma relativa superioridade ao trabalhador em razão de sua situação econômica (**hipossuficiência**), considerando que o empregador, em tese, tenha melhores condições para participar do processo. Além disso, pode-se considerar que as verbas trabalhistas têm **natureza alimentar**, pois são o sustento da família do trabalhador, assim ele, não pode esperar pela demora na prestação jurisdicional. A **justiça** para o trabalhador teria que ser **ágil** e **eficiente**. Serão enumerados a seguir alguns **princípios do processo do trabalho:** 01) **concentração dos atos processuais** – prega que, em regra, todas as provas devem ser oferecidas na audiência de instrução e julgamento. 02) **concentração de recursos** – irrecorribilidade das decisões interlocutórias, os recursos devem ser propostos apenas depois de esgotadas as instâncias inferiores. 03) **Subsidiariedade** – O direito processual civil é fonte e complemento do trabalhista. 04) **dispositivo** – o processo deve ser iniciado pelo autor (reclamante). A regra é que o juiz não pode conhecer de ofício a pretensão trabalhista. 05) **Conciliação** – no decorrer do processo o juiz deve sempre buscar a composição entre as partes por meio de acordo. 06) **ius postulandi** – não é necessário advogado para ajuizar reclamação trabalhista. 07) **oralidade e celeridade** – a busca de meios para resolver o mais rápido o litígio, para isso, nos atos processuais há predomínio da palavra oral sobre a escrita. 08) **gratuidade** – o trabalhador reclamante é isento de custas. 09) **despersonalização do empregador** – caso a empresa não possa arcar com as dívidas trabalhistas, os sócios serão responsabilizados por essas dívidas, desde que tenham agido de forma ilegal ou praticado fraude. 10) **jurisdição normativa** – em regra, nos dissídios coletivos as decisões trabalhistas têm força normativa. 11) **inversão do ônus da prova** – em regra, cabe ao empregador provar as alegações do empregado. 12) **continuidade** – o contrato de trabalho, em regra, é por prazo indeterminado, sendo contínuo. Portanto, na sua extinção por parte do empregador, se não houver justificação, presume-se sem justa causa. 13) **gratuidade** – no processo penal não são cobras custas por parte do empregado, bastando, para isso, que ele declare que necessita de justiça gratuita. São observados outros **princípios da teoria geral do processo** e princípios gerais de direito, que serão abordados em uma outra oportunidade. Convém destacar: a) livre convicção do juiz; b) lealdade processual; c) eventualidade; d) aplicação imediata das leis processuais; e) publicidade; f) refor-

mar a decisão para prejudicar o recorrente; g) boa fé; i) respeito a pessoa humana; j) pacificação social.

Princípios específicos

Dispositivo

Também é conhecido como princípio da inércia em que determina que a jurisdição só poderá ser prestada se for procurada pelas partes.

Assim sendo o Magistrado não poderá exercer a jurisdição de ofício, mas existe uma exceção que é a instauração do dissídio coletivo pelo presidente do tribunal (856 da CLT). Ainda temos como exceção quando a DRT encaminha à Justiça do Trabalho requerimento contra a empresa que não registrou seus funcionários.

No que tange ao dissídio coletivo de greve é um exemplo claro que o Juiz poderá instaurar de ofício com o objetivo de atender as necessidades da sociedade ou de um grupo de pessoas.

Sem esse princípio não haveria processo, porque este se inicia com a ação e esta é iniciativa da parte, do interessado, uma vez que a Justiça é inerte.

O princípio dispositivo diz respeito à iniciativa dos interessados que dispõem de seus próprios atos, acionando ou não a Justiça e, quando a lei assim determina, movimentando ou não o processo.

Está ligado à autonomia da vontade.

Também, em virtude desse princípio, o juiz deverá decidir sobre aquilo que foi alegado pela parte.

Não que a vontade da parte predomine, mas essa vontade é fundamental para provocar a prestação jurisdicional.

Jurisprudência:

EMENTA :

RECURSO – CONTRA RAZÕES – LIMITES. AS CONTRA-RAZÕES NÃO PODEM EXCEDER OS LIMITES ESTABELECIDOS PELO RECURSO INTERPOSTO, A SABER, SEUS PRESSUPOSTOS DE ADMISSIBILIDADE E DE MÉRITO. EXCETUAM-SE APENAS AS NULIDADES ABSOLUTAS, TAMBÉM DECRETÁVEIS DE OFÍCIO. IMPORTA DIZER

QUE É VEDADO AO JUÍZO "AD QUEM" CONHECER DE MATÉRIA ESTRANHA AO RECURSO, E ARGUIDA EM CONTRA-RAZÕES, SOB PENA DE VIOLACÃO AO PRINCÍPIO DO DISPOSITIVO DO ART. 128 DO CÓDIGO DE PROCESSO CIVIL – APLICÁVEL AO SISTEMA DOS RECURSOS TRABALHISTAS – E DO PRINCÍPIO DO "NON REFORMATIO IN PEJUS". **ACÓRDÃO N.:** *02960204004*

Princípio da simplicidade dos atos processuais

O processo trabalhista, ao contrário do processo comum, é mais simples para que seja mais célere, despido de certas formalidades, com ênfase na oralidade, na concentração dos atos em uma ou poucas audiências.

Inquisitivo

É o impulso oficial no processo para a solução do conflito. O juiz terá ampla liberdade na condução do processo, conforme arts. 765, 852 D e 878 da CLT.

Nesse contexto a condução do processo se faz necessário tendo em vista o objetivo da solução do conflito para garantir a segurança jurídica e também a paz social.

Também chamado de inquisitório, nele prevalece a iniciativa do juiz na direção do processo e, em algumas situações, na condução da prova.

Embora o princípio dispositivo sempre exista em todos os processos, no processo do trabalho prevalece o princípio inquisitório.

Retornando ao art. 848 da Consolidação das Leis do Trabalho é um exemplo da concretização desse princípio: "Terminada a defesa, seguir-se-á a instrução do processo, podendo o presidente *ex officio* ou a requerimento de qualquer Juiz temporário interrogar os litigantes".

O dispositivo em análise não se coaduna com a realidade atual do processo do trabalho no que se refere ao "presidente" e ao "juiz temporário", uma vez que, com a saída dos classistas, o juiz que agora subsiste é o de Direito, não presidindo mais o órgão jurisdicional, porque não se trata mais de Junta e sim de Vara do Trabalho; é, pois, o juiz do trabalho, pura e simplesmente.

Como não há mais o juiz classista, não se pode falar em juiz temporário.

Afora essa análise, é fato que na Justiça do Trabalho as partes são interrogadas pelo juiz, não existindo depoimento requerido pela parte contrária, embora isso normalmente aconteça nas petições iniciais e nas defesas.

EMENTA :

CERCEAMENTO DE DEFESA. REQUERIMENTO PARA INTIMAÇÃO DE TESTEMUNHAS. PETIÇÃO APÓCRIFA. VÍCIO SANÁVEL. – Diante da ausência de prejuízo à celeridade processual pode, o magistrado, determinar a intimação das testemunhas com base no requerimento inequívoco formulado oralmente em audiência, em que pese a ausência de assinatura na petição que informa suas qualificações. Isto porque o processo do trabalho é regido pelo princípio inquisitivo (art. 765 e 878 da CLT), o qual confere ao juiz maior autonomia e discricionariedade, podendo agir até mesmo de ofício no desenvolvimento do processo, como por exemplo, na coleta da prova. – O contrário culminaria em séria ofensa ao direito de prova do autor, encaminhando o julgamento para uma decisão potencialmente injusta, do ponto de vista material, o que não se coaduna com o escopo da jurisdição. – Preliminar acolhida para que as testemunhas arroladas sejam intimadas e ouvidas, conforme requerido em audiência. **ACÓRDÃO N.: 20071032899**

Concentração

Esse princípio tem ligação extrema com o processo do trabalho, pois desta forma, o processo será julgado com maior celeridade, com menos custos para as partes e para o Estado, conforme art. 849 da CLT (audiência contínua).

No processo do trabalho, os atos deverão ser concentrados em uma única audiência. É cediço afirmar que a audiência trabalhista tem uma duração máxima de 5 horas, salvo urgência e, sendo assim, caso não seja concluída no prazo determinado deverá ocorrer na próxima sessão.

Assim sendo, a concentração dos atos processuais visa a solução mais rápida dos conflitos.

Esse princípio, de certo modo, já restou evidenciado.

Estabelece a concentração de todos os atos do processo em uma mesma audiência, isto é, a postulação do autor, a resposta do réu, as provas, as razões finais e, finalmente, a sentença.

Quando puder, o juiz deve buscar concentrar todos os atos numa mesma audiência, evidentemente, sem prejuízo da verdade e sem cercear a atuação das partes.

EMENTA :

Prescrição. Arguição. A prescrição é matéria afeta ao mérito da causa (inciso IV, do art. 269 do CPC) devendo ser arguida no momento em que a ré oportunamente contesta os termos da petição inicial, segundo o disposto no art. 300 do CPC, sob pena de operar-se a preclusão consumativa, sendo-lhe defeso deduzir pretensão defensiva depois da contestação. Dentre os princípios aplicáveis ao processo do trabalho, a regência aqui é o do princípio da concentração processual, que há que ser visto como elemento garantidor da entrega da prestação jurisdicional com maior segurança jurídica, sem fugir da verdade fática estampada no processo. É curial notar que a apreciação da prescrição, invocada apenas em sede de recurso ordinário por esta Instância Revisora, caracteriza

a supressão de instância, haja vista que sendo a prescrição matéria de mérito, o crivo de análise originário é o do primeiro grau. Ao revés do ponto de vista expendido pela recorrente, é evidente a injuridicidade em se autorizar que este Regional julgue pedido em que a competência originária seja da Vara do Trabalho, pois do contrário estar-se-ía permitindo o malferimento de princípios constitucionais basilares dos direitos e garantias fundamentais do cidadão, consubstanciados pelos princípios do contraditório e ampla defesa (art. 5º, inciso LV, da Constituição Federal). Discorreu com propriedade Pontes de Miranda ao afirmar que "A regra jurídica do art. 162 não significa poder ser alegada a prescrição se o réu falou na causa e não exerceu o seu direito de exceção. Na contestação há de ser alegada, se já existe a excpetio, porque então seria de ser exercida. Se não o foi, não mais pode ser..." (Tratado de Direito Privado, VI, pág. 249).
ACÓRDÃO N.: 20071122898

Princípio da despersonalização do empregador

Por esse princípio, garante-se o trabalhador contra as alterações na estrutura jurídica ou na propriedade da empresa. No direito do trabalho, são os bens materiais e imateriais componentes do empreendimento que asseguram a satisfação do julgado.

A ação trabalhista é proposta contra empresa e não em face da pessoa física ou jurídica que a dirige ou explora. Esta, na realidade, apenas "representa" a empresa. Uma das consequências processuais do instituto denominado "sucessão de empresas" (a rigor, a sucessão é de empresários, e não de empresas) é a possibilidade de o julgado ser executado contra terceiros, estendendo-se os efeitos da coisa julgada a quem não foi parte no processo.

Princípio da extra-petição

O direito processual do trabalho contém alguns preceitos que autorizam o julgador a conceder mais do que o pleiteado ou coisa diversa daquela que foi pedida. Por esta razão, a jurisprudência vem acolhendo algumas hipóteses em que se verifica a existência de ultra e extra petição.

Caso típico de aplicação do princípio da ultrapetição na lei trabalhista é a disposição do art. 467 da CLT, que estabelece que: havendo rescisão do contrato individual de trabalho, o empregador deve pagar ao empregado, na data em que comparecerem a juízo, todas as parcelas incontroversas, sob pena de ser condenado ao acréscimo de 50%, independentemente de pedido, trata-se de preceito de ordem pública, dirigido ao magistrado, determinando como deve proceder, havendo ou não pedido expresso de condenação acrescida da multa de 50% na peça vestibular.

Outro exemplo existente na jurisprudência sumulada do TST, é no sentido de que o julgador deve condenar o reclamado a pagar juros e correção monetária incidentes sobre o débito reconhecido na decisão, ainda que tais verbas não tenham sido pleiteadas na petição inicial.

Ainda, o art. 496 da Consolidação das Leis do Trabalho, faculta ao juiz converter a reintegração do empregado estável em pagamentos de indenização dobrada sempre que entender que é desaconselhável a reintegração. A rigor, o estável tem ação apenas para pedir sua volta ao emprego, o que implica uma obrigação de fazer; o julgador, contudo, fica autorizado a conceder indenização não pleiteada, transformando a obrigação de fazer em obrigação de pagar.

Oralidade

Este princípio determina que os atos processuais trabalhistas buscam, na verdade, acelerar o julgamento da lide. Temos vários exemplos disso como: leitura da reclamação (art. 847 da CLT), defesa oral em 20 minutos (art. 847 da CLT), interrogatório das partes (art. 848 da CLT), oitiva de testemunhas (art. 848 parágrafo 1º), razões finais em 10 minutos (art. 850 da CLT) e protesto em audiência (art. 795 da CLT).

Esse princípio é caracterizado sob quatro aspectos que, reunidos, dão substância a esse princípio: prevalência da palavra falada, imediatidade do juiz com as partes, identidade física do juiz com o processo e irrecorribilidade das decisões interlocutórias.

Tudo isso faz com que a concentração dos atos processuais ocorra de forma mais efetiva.

Na prática, desvirtuando-se a intenção do legislador e a orientação desse princípio, vemos a prevalência da palavra escrita. (Está claro que não há proibição de que se peticione e de que se escreva sempre nos autos, mas a escrita deveria ser deixada para casos estritamente necessários ou para quando a lei determinasse.)

EMENTA :

Correição parcial. Audiência de instrução. Reprodução fiel. Gravação. A audiência constitui a exteriorização do princípio da oralidade, que informa o processo do trabalho. Presta-se para a produção da prova oral, e materialização dos requerimentos das partes. Assume importância extraordinária e quando nela a defesa é produzida por escrito ou oralmente. Não constitui, assim, palco para confronto ente advogados ou entre advogado e juiz. Certo que ao último cabe a direção do processo, como está escrito no art. 125 do Código de Processo Civil. Mas a ata deve reproduzir com fidelidade o que se postulou, o que se contrapôs à postulação, e o que se decidiu. Nem por outra razão tenho defendido que o gravador deve ser reconhecido como instrumento de trabalho tanto para os advogados como para o juiz. **ACÓRDÃO N.:** 2005009898

Identidade física do juiz

Assim sendo, temos a não aplicação do referido artigo em sua plenitude, nesse sentido as Súmulas ns. 36 do TST e 222 do STF.

EMENTA :

JUIZ – IDENTIDADE FÍSICA – NÃO SE APLICA O PRINCÍPIO DA IDENTIDADE FÍSICA DO JUIZ QUANDO AQUELE QUE CONCLUIU A INSTRUCÃO NÃO PUDER JULGAR A LIDE PORQUE FORA CONVOCADO, LICENCIADO, AFASTADO POR QUALQUER MOTIVO, PROMOVIDO OU APOSENTADO, CASOS EM QUE PASSARÁ OS AUTOS AO SEU SUCESSOR (ART. 132 DO CPC E ENUNCIADO N. 136 DO COLENDO TST). **ACÓRDÃO N.:** *02950305495*

Imediação

Esse princípio também é conhecido como imediatividade, ou seja, é o contato direto do Juiz com as partes, testemunhas e peritos. O art. 820 da CLT trata do referido assunto.

Esse princípio é de suma importância para o direito processual do trabalho, pois em seu bojo traz a livre convicção do Juiz diante de um contato direto com a realidade dos fatos.

EMENTA :

Rescisão indireta. Imediação. A imediação entre a propositura da ação e a falta praticada deve ser observada na rescisão indireta. Se a alteração do horário de trabalho ocorreu em 2002 ou em julho de 2004 e a ação somente foi proposta em 1.10.04, não houve imediação entre a falta e a postulação de rescisão indireta. Rescisão indevida. **ACÓRDÃO N.:** *20060568261*

Irrecorribilidade

O princípio acima descrito tem uma vertente importante no processo do trabalho, afinal as decisões interlocutórias não são passíveis de recursos, exceto em casos excepcionais.

Um dos motivos da celeridade do processo do trabalho é exatamente a não possibilidade de agravar das decisões interlocutórias como é feito no processo civil. A Súmula n. 214 do TST traz as exceções do referido princípio. Mas também chamo a atenção sobre a possibilidade de recorrer de uma decisão interlocutória proferida em sede do rito de alçada (sumário) conforme a Lei n. 5.584/70.

É a decisão que arbitra o valor da causa em audiência que será cabível o recurso conhecido como pedido de revisão em até 48 hs que, após a intimação da outra parte, deverá ser encaminhado ao E. TRT da região do processo para seu recebimento e julgamento. O referido recurso não tem custas e seu pedido se limita apenas à decisão sobre o valor da causa.

Insta salientar que para decisões interlocutórias abusivas tais como liminar, tutelas antecipadas, tutelas específicas, liminares em cautelares o meio cabível na primeira instância será o mandado de segurança, conforme Súmula n. 414 do TST. Porém, se a decisão interlocutória for proferida nos Tribunais caberá agravo regimental, conforme art. 893 da CLT.

EMENTA :

EMPRESA EM LIQUIDAÇÃO EXTRAJUDICIAL. AGRAVO DE PETIÇÃO. EXCEÇÃO DE PRÉ-EXECUTIVIDADE REJEITADA. DECISÃO INTERLOCUTÓRIA IRRECORRÍVEL. INTELIGÊNCIA DO ARTIGO 893, parágrafo 1º, DA CLT. DESCABIMENTO DE AGRAVO DE PETIÇÃO. A AGRAVANTE NÃO SE INSURGIU CONTRA A REJEIÇÃO POR MEIO DO REMÉDIO JURÍDICO ADEQUADO. AGRAVO NÃO CONHECIDO. Tomando por base o princípio da irrecorribilidade das decisões interlocutórias (artigo 893, § 1º, da CLT e Enunciado n. 214 do C. TST), tem-se que, no caso de o juiz rejeitar a exceção ou considerá-la incabível, por ser essa decisão interlocutória, não caberá o Agravo de Petição. Cabível o será na hipótese de o juiz acolher a exceção, pois, neste caso, a decisão possui natureza de sentença. Logo, por serem inimpugnáveis, de imediato, as decisões interlocutórias, não se conhece do Agravo de Petição interposto contra decisão que rejeita a exceção de pré-executividade, porque incabível. Não bastasse, a agravante não ataca os fundamentos da decisão recorrida, o que também impede o conhecimento do apelo. **ACÓRDÃO N.:** 20080040610

Contraditório e Ampla Defesa

Esses princípios estão descritos na Carta Maior de 88 precisamente em seu artigo 5º, inciso LV.

Uma das bases de um Estado Democrático de Direito é exatamente a possibilidade de contrariar com fatos e provas o que alegam contra o demandado.

Os princípios em pauta além de ser uma clausula pétrea está disposto em qualquer processo seja ele judicial ou extrajudicial.

EMENTA :

PETIÇÃO INICIAL. CAUSA DE PEDIR. INALTERABILIDADE. INSALUBRIDADE. O AGENTE INSALUBRE DIVERSO DO APONTADO NA INICIAL, NÃO PREJUDICA O PEDIDO DE ADICIONAL (SÚMULA TST 293). ISTO OCORRE QUANDO O AGENTE INDICADO PELO AUTOR NÃO É ABSOLUTAMENTE DIVERSO DO APURADO EM PERÍCIA E O CAUSADOR DA INSALUBRIDADE NAO POSSA SER DIFERENCIADO DE PRONTO POR QUALQUER CIDADAO COMUM. A SENTENÇA QUE CONDENA COM BASE EM AGENTE TÃO ESTRANHO AO INDICADO, OFENDE O CONTRADITÓRIO E O DIREITO DE DEFESA. **ACÓRDÃO N.:** *02960241767*

EMENTA :

RECURSO ORDINÁRIO. NULIDADE PROCESSUAL. ENCERRAMENTO ABRUPTO DA INSTRUÇÃO PROCESSUAL. INDEFERIMENTO DA PRODUÇÃO DE PROVAS. Não se ignora que o juiz é o destinatário final da prova, uma vez que o princípio do livre convencimento motivado confere ao juiz liberdade na apreciação e valoração da prova, bastando que fundamente a sua decisão, conforme arts. 130 e 131 do CPC c/c art. 765 da CLT e inciso IX do art. 93 da CF. No entanto, o referido princípio não deve conflitar, mas ao contrário, deve harmonizar-se com o princípio da necessidade da prova, segundo o qual as partes devem fazer prova de suas alegações. Se o reclamante pleiteia indenização por acidente de trabalho, o Juízo de origem não pode encerrar a instrução processual, obstando o direito da parte de produzir prova essencial ao deslinde da controvérsia e que não se encontra nos autos, sob pena de configurar cerceamento ao direito de prova (art. 332 do CPC) e ofensa ao devido processo legal e ampla defesa (incisos LIV e LV do art. 5º da CF). **ACÓRDÃO N.:** *20080090103*

Imparcialidade

A parcialidade de qualquer Julgador não faria a verdadeira Justiça. O princípio citado traz como característica principal a análise do Magistrado tão somente dos fatos e provas que estão nos autos, não sendo possível fazer um Juízo de valor das partes pela aparência ou por conhecimento das partes.

Cumpre salientar que as referidas exceções de suspeição ou de impedimento apenas se aplicam aos Juízes e Partes e não sendo possível essa arguição entre Juízes e Advogados, nesta linha de raciocínio está o art. 801 da CLT.

EMENTA :

CUSTAS – RECOLHIMENTO IRREGULAR – RECURSO NÃO CONHECIDO. Diz o item III da instrução n. 20 de 27 de setembro de 2002 do E. TST que: "É ônus da parte zelar pela exatidão do recolhimento das custas e/ou dos emolumentos, bem como requerer a juntada aos autos dos respectivos comprovantes". Como se vê, a norma usa a expressão "EXATIDÃO". Isto indica que os Tribunais e Juízes devem ser rigorosos quanto ao recolhimento e preenchimento de guias, não se tolerando as falhas, este é o sentido, também do art. 790 da CLT. A razão deste rigor está, justamente, no princípio da imparcialidade do juízo, pois sendo aceita a falha e o erro de uma parte, contraria-se a regra processual, fica prejudicada a outra parte e viola-se a garantida do devido processo legal. Portanto, não sendo recolhidas as custas segundo as normas, temos que os recursos estão desertos e não podem ser conhecidos. **ACÓRDÃO N.:** 20070228625

Livre Convicção

O julgador está livre para dar a sua decisão, apenas devendo obediência à sua própria consciência. Não poderá, entretanto, decidir de forma desvinculada do processo.

A fundamentação da sentença ou de qualquer decisão interlocutória deve ter base nos autos e na lei (se tais parâmetros forem desrespeitados, haverá a nulidade do julgado ou a sua reforma).

EMENTA :

EXECUÇÃO PREVIDENCIÁRIA – LIMITAÇÃO À CONDENAÇÃO OU VALOR DO ACORDO – INCOMPETÊNCIA MATERIAL DA JUSTIÇA DO TRABALHO PARA EXECUÇÃO DAS CONTRIBUIÇÕES ATINENTES AO CONTRATO DE TRABALHO APENAS DECLARADO EM SENTENÇA. Na forma da recente jurisprudência cristalizada na Súmula n. 368, I, do C. TST, a competência material da Justiça do Trabalho para execução das contribuições previdenciárias alcança apenas aquelas incidentes sobre os títulos contemplados na condenação ou sobre os valores do acordo homologado. Em relação ao período do contrato de trabalho apenas declarado em sentença, mas que não originou condenação em pecúnia, a execução deve ser realizada através do procedimento fiscal cabível, e não no bojo da reclamatória trabalhista, sob pena de ofensa ao princípio do juiz natural, constante do artigo 5º, LIII, da Constituição Federal. **ACÓRDÃO N.:** 20060740048

Motivação das Decisões

O art. 93, IX da CF determina que as decisões deverão ser fundamentadas sob pena de nulidade.

Corrobora com esse entendimento os arts. 770 e 832 da CLT tendo em vista que o apontamento da base legal ou ainda dos motivos que ensejaram a decisão sejam claros para eventuais recursos das partes.

EMENTA :

Motivação das decisões judiciais. A fundamentação dos atos jurisdicionais é princípio geral de direito universalmente reconhecido, inclusive com expressa previsão constitucional, importando a sua violação em nulidade absoluta. Motivada a decisão com congruência, exatidão, suficiência e clareza não há que se falar em nulidade por falta de fundamentação pelo simples fato de contrariar a pretensão do requerente. **ACÓRDÃO N.:** 02970558410

Conciliação

O referido princípio trata do fundamento para qualquer ação trabalhista, o acordo. Indubitavelmente é a melhor forma de solução dos conflitos, haja vista, que ambas as partes renunciam a alguns direitos até chegar a uma composição.

Nesse sentido temos o art. 764 da CLT assim como os arts. 846 e 850 da CLT que determinam o momento que o Juiz detém para tentar o acordo.

Cumpre salientar que do acordo firmado em audiência caberá pelas partes apenas ação rescisória (Súmula n. 259 do TST) e pelo INSS caberá recurso ordinário para discutir o não pagamento dos impostos a esse D. órgão.

EMENTA :

"TRANSAÇÃO: MESMO LOGRANDO A CHANCELA JUDICIAL, A TRANSAÇÃO, EXPRIMINDO EM ESSÊNCIA ACORDO DE VONTADES, HÁ DE SER INTERPRETADA À LUZ DA REAL INTENCAO DAS PARTES E DO PRINCÍPIO DA BOA-FÉ A NORTEAR A INICIATIVA DOS CONVENENTES." **ACÓRDÃO N.:** *02950414626*

Jus postulandi

Foi elevado à categoria de princípio no Direito Processual do Trabalho, mas nem todos os autores assim pensam.

Na verdade, não há necessidade do técnico (advogado) para a Justiça ser acionada.

O art. 791 da Consolidação das Leis do Trabalho é claro: "Os empregados e empregadores poderão reclamar pessoalmente perante a Justiça do Trabalho e acompanhar as suas reclamações até o final".

Conforme Súmula n. 425 do TST, o *jus postulandi* aplica-se apenas para ajuizamentos de ações, que não exigem técnicas apuradas, mas ações como mandado de segurança, ação rescisória, cautelares e recursos no TST, a presença do advogado se faz necessária. Porém, o referido direito se aplica apenas a empregados e não a trabalhadores.

EMENTA :

RECURSO ORDINÁRIO. HONORÁRIOS ADVOCATÍCIOS. INDENIZAÇÃO POR PERDAS E DANOS. Na Justiça do Trabalho a Lei n. 5.584/70 é que estabelece o cabimento de honorários advocatícios, uma vez não preenchidos os requisitos ali estabelecidos, que é o caso dos autos, indevida a verba honorária. Ressalta-se que o artigo 133 da Constituição

Federal de 1988 não teve o condão de afastar o JUS POSTULANDI na Justiça do Trabalho. Súmula n. 219 do C.TST. Se a parte não faz jus à verba honorária por não estar assistida pela entidade sindical, por óbvio não pode obter a condenação do ex adverso ao pagamento dessa verba sob o disfarce de indenização por perdas e danos com base no art. 404 do Código Civil. **ACÓRDÃO N.:** 20080090138

Devido Processo Legal

Esse princípio traz a segurança para as partes de conhecer as regras do processo antes de ajuizar a ação. Saliento que caso ocorra alguma alteração na lei processual essa se aplica aos processos pendentes. O artigo 5º LIV da CF traz a referida garantia aos litigantes.

EMENTA:

DESCONSIDERAÇÃO DA PERSONALIDADE JURÍDICA DA EMPRESA – POSSIBILIDADE – Aplicável no Direito do Trabalho a Teoria da Desconsideração da Pessoa Jurídica na fase da execução. Se verificada a inexistência de bens suficientes dos atuais sócios para saldar as dívidas da sociedade, pode o Juiz determinar que a execução avance no patrimônio dos ex-sócios, que responderão solidária e ilimitadamente pelos créditos exequentes, consoante artigo 592, II, do CPC, não havendo de se falar em ofensa ao devido processo legal, haja vista que o suposto prejudicado pela desconsideração da personalidade jurídica tem oportunidade para a produção de provas por ocasião dos embargos de terceiro e recurso para a defesa (agravo de petição) da suposta ilegalidade, consoante artigo 1.046 do CPC. **ACÓRDÃO N.:** 20080064650

EMENTA:

GORJETA/TAXA DE SERVIÇO. A prova das alegações, positivas ou negativas, de fatos constitutivos, modificativos, impeditivos ou extintivos incumbe a qualquer das partes que as formule. Incidência do artigo 818, da CLT. ADICIONAL NOTURNO/ADIANTAMENTO SALARIAL. Atendidos os critérios pertinentes à distribuição do ônus da prova entre os litigantes, e observado o princípio da persuasão racional do artigo 131 do CPC, não cabe falar em violação ao princípio do devido processo legal e de suposto ferimento ao artigo 5º, inciso LIV, da Constituição. HONORÁRIOS ADVOCATÍCIOS. É indevido o deferimento de honorários advocatícios se não há sucumbência. **ACÓRDÃO N.:** 20080036362

Duplo Grau de Jurisdição

A meu ver, esse princípio não é uma garantia Constitucional, tendo em vista que existem processos que podem ser julgados em última instância ou em instância única. É o caso de crimes praticados pelo Presidente da República que são julgados pelo E. STF. (art. 102, I, b da CF).

Necessário fazer o apontamento da Súmula n. 303 do E. TST, onde determina que não há a necessidade de reexame necessário em ações contrárias a administração pública quando o valor for inferior a 60 (sessenta) salários mínimos.

EMENTA :

SUPRESSÃO DE INSTÂNCIA – PRECLUSÃO – A tese recursal relativa à compensação das horas extras pagas não foi analisada pelo MM. Juízo de origem, sendo certo que a parte não opôs os componentes embargos de declaração, a fim de sanar a omissão, restando preclusa a discussão da matéria, sob pena de violação ao princípio do duplo grau de jurisdição, com a supressão de uma instância de julgamento. **ACÓRDÃO N.:** *20080062614*

EMENTA :

DIFERENÇAS DE REEMBOLSO DE QUILOMETRAGEM RODADA EM PERÍODO NOTURNO. ADICIONAL NOTURNO. HORAS EXTRAS. VERBAS REFLEXAS. A juntada dos registros de horário por parte da empresa, quando empregue mais de 10 trabalhadores, não depende de determinação judicial, por isso que a manutenção de tais controles resulta de imposição legal. Esse dever lhe acarreta o ônus da prova, quando alegue horário diverso do afirmado pela parte contrária. MULTA DO ARTIGO 55 DA CLT NÃO APRECIADA EM SENTENÇA. Omissão da sentença sem a interposição de embargos declaratórios para saneamento, impede a análise da pretensão em sede recursal sob pena de ferimento ao princípio do duplo grau de jurisdição. **ACÓRDÃO N.:** *20080036478*

Boa-fé

Esse princípio deveria embasar todas as relações humanas inclusive o processo judicial.

EMENTA :

Interpretação extensiva. A interpretação extensiva dos termos da sentença homologatória de conciliação, com o intuito de aplicar multa por atraso na quitação, ante o inadimplemento em razão de hipóteses não contempladas no acordo, não se coaduna com a boa-fé objetiva; mormente quando se considera que as próprias partes tiveram oportunidade de estipular normas em sentido diverso, especificando pormenorizadamente as formas de pagamento. Assim, essa possível significação dos termos do acordo entabulado, mesmo que não desejada intimamente pelo reclamante, revela-se como a única interpretação em que a segurança jurídica se concretiza, eis que não induz efeitos jurídicos a partir de comportamento não expressamente previsto pelos participantes da transação. **ACÓRDÃO N.:** *20080089601*

EMENTA :

Responsabilidade subsidiária da Administração Pública. Inaplicabilidade do art.71, parágrafo 1º, da Lei n. 8.666/93. Os princípios da dignidade da pessoa humana, valor social do trabalho e da moralidade, consagrados nos incisos III e IV do art.1º e no art. 37, caput, ambos da CF, juntamente com a Súmula n. 331, IV, do C. TST, cuja redação foi dada após a publicação da Lei n. 8.666/93, afastam a interpretação de que o art.71, parágrafo 1º, do diploma referido impede o reconhecimento da responsabilidade subsidiária da administração pública, mormente quando se considera que esta se submete, inclusive, ao dever de se conduzir pautada pela boa-fé objetiva e probidade, ante o fato de ter sido beneficiária dos serviços prestados pelo obreiro. **ACÓRDÃO N.:** *20080048794*

Eventualidade

Nesse princípio as partes devem aduzir de uma única vez a matéria da defesa que deverá ser feita nas respostas (art. 847 da CLT).

Isso se faz necessário pela possibilidade de as partes não apresentarem nenhum elemento surpresa nos autos durante o curso desse, salvo se for um documento novo (superveniente).

EMENTA :

RECURSO ORDINÁRIO. RESPONSABILIDADE SUBSIDIÁRIA. EFEITOS DA REVELIA E DA CONFISSÃO À CO-RECLAMADA. ART. 320, I, DO CPC. PRINCÍPIO DA EVENTUALIDADE. Embora não sejam extensíveis tais efeitos à reclamada que comparece regularmente e contesta o feito, subsiste o julgado em face da sucumbência da contestante relativamente ao ônus da impugnação especificada dos fatos (art. 302, parágrafo único do CPC, de aplicação subsidiária). **ACÓRDÃO N.:** *20080051981*

Preclusão

Esse princípio garante que se uma das partes não respeitar um referido prazo perderá o direito de dizer sobre aquele assunto novamente. Na verdade é a perda de um ato processual.

Cumpre salientar que as nulidades deverão ser arguidas no primeiro momento que as partes falarem nos autos (art. 795 da CLT).

EMENTA :

RECURSO ORDINÁRIO. REMÉDIO JURÍDICO INADEQUADO. FUNGIBILIDADE INAPLICÁVEL. Dentre os pressupostos objetivos do recurso há a adequação que deve ser observada pela parte recorrente sob pena de preclusão. No caso dos autos foi dado ao recorrente ciência da sentença que homologou o acordo firmado na fase de execução. Logo, considerando-se o disposto na alínea "a" do artigo 897 da CLT, cabível seria o agravo de petição. O recorrente interpôs recurso ordinário, o qual é recurso específico da fase de conhecimento, permitindo que se operasse o trânsito em julgado da decisão. Tratando-se de erro grosseiro, inaplicável à espécie o princípio da fungibilidade. **ACÓRDÃO N.:** *20080090278*

EMENTA :

INSTRUÇÃO. ENCERRAMENTO. AUSÊNCIA DE PROTESTO. PRECLUSÃO. NULIDADE REJEITADA. Não se acolhe alegação de nulidade por cerceamento de defesa, se a parte não se insurgiu oportunamente, deixando de formular imediatos protestos contra a cominação de pena de considerar o não cumprimento da determinação judicial como desistência do pedido de reintegração ao emprego, razão pela qual, in casu, a questão foi atingida por incontornável preclusão. É que as nulidades relativas devem ser arguídas na primeira oportunidade em que couber à parte falar nos autos, nos

termos dos artigos 795 da CLT e 245 do CPC ("A nulidade dos atos deve ser alegada na primeira oportunidade em que couber falar nos autos, sob pena de preclusão").
ACÓRDÃO N.: *20080089768*

Perempção

Esse instituto se aplica ao processo do trabalho quando, por três vezes, a parte deixar a reclamação trabalhista arquivar pelo mesmo motivo.

Na CLT apenas temos a perempção provisória descrita nos artigos 731 e 732 da referida consolidação.

EMENTA :

PROCESSO – PERDA DO DIREITO DE RECLAMAÇÃO POR 6 MESES – ART. 732 DA CLT – CONSTITUCIONALIDADE – INCONDICIONAL É O DIREITO DE DEMOVER O JUDICIÁRIO DE SUA INÉRCIA – JÁ O DIREITO A UMA SENTENÇA DE MÉRITO DEPENDE DA PRESENÇA DAS CONDIÇÕES DA AÇÃO E DOS PRESSUPOSTOS PROCESSUAIS, ENTRE OS QUAIS O NEGATIVO DA PEREMPÇÃO TRABALHISTA.
ACÓRDÃO N.: *20060211169*

EMENTA :

ARQUIVAMENTO. Perempção. Em se tratando de penalidade, ainda que temporária, a interpretação há de ser restritiva, de forma a abranger exclusivamente aqueles arquivamentos motivados pelo não comparecimento do autor, hipótese não comprovada nos autos. Preliminar que se rejeita. ***ACÓRDÃO N.:*** *20060057984*

Impugnação especificada

Esse princípio traz que a defesa deverá ser feita ponto a ponto não sendo possível à negativa geral, salvo se for o Ministério Público do Trabalho.

EMENTA :

RECURSO ORDINÁRIO. RESPONSABILIDADE SUBSIDIÁRIA. EFEITOS DA REVELIA E DA CONFISSÃO À CO-RECLAMADA. ART. 320, I, DO CPC. PRINCÍPIO DA EVENTUALIDADE. Embora não sejam extensíveis tais efeitos à reclamada que comparece regularmente e contesta o feito, subsiste o julgado em face da sucumbência da contestante relativamente ao ônus da impugnação especificada dos fatos (art. 302, parágrafo único do CPC, de aplicação subsidiária). ***ACÓRDÃO N.:*** *20080051981*

EMENTA :

RITO SUMARIÍSSIMO. RECURSO ORDINÁRIO. AUSÊNCIA DE CONTESTAÇÃO ESPECÍFICA. ART. 302/CPC. ART. 769/CLT. À falta de impugnação especificada, presume-se a veracidade dos fatos narrados na inicial. ***ACÓRDÃO N.:*** *20070285530*

Proteção

Esse princípio é o mais importante, a meu ver, do direito processual do trabalho. Temos vários exemplos tais como gratuidade da justiça (790 parágrafo 3ª), inversão do ônus da prova (Súmula n. 212 do TST), execução de ofício (878), depósito recursal (899 parágrafo 1º), local do ajuizamento (651), despersonalização da PJ (art. 50 NCCB), reclamação trabalhista verbal (837) e *jus postulandi* (791).

> ***EMENTA :***
>
> *Intervalo intrajornada. Não concessão ou concessão parcial. A não concessão total ou parcial do intervalo intrajornada mínimo implica o pagamento de hora extra, nos moldes da OJ n. 307 da SDI-1 do TST. O fato do referido entendimento almejar a efetivação de medidas de higiene, saúde e segurança do trabalho (art.7o, XXII, da CF) não altera a natureza salarial da parcela devida ao obreiro, mas apenas busca concretizar o princípio da proteção, ínsito ao direito do trabalho.* **ACÓRDÃO N.:** 20080089423

COMUNICAÇÃO DOS ATOS PROCESSUAIS

A comunicação dos atos processuais tem obrigatoriamente que ser feita às partes, para o desenvolvimento do processo.

Os atos são revestidos de publicidade, sendo nulos os atos praticados sem a observância da comunicação.

Entretanto a falta de citação é suprida pelo comparecimento espontâneo do reclamado a juízo, como no Código de Processo Civil.

As partes terão ciência dos atos processuais por meio da notificação, citação e intimação.

No direito processual do trabalho, a notificação é abrangida pela citação e intimação.

A citação é o ato pelo qual se chama a juízo o réu ou o interessado, a fim de se defender.

Já a intimação é o ato pelo qual se dá ciência a alguém dos atos e termos do processo para que faça ou deixe de fazer alguma coisa.

Visto esses artigos fica claro que o legislador objetivou buscar a autonomia do processo do trabalho, usando de forma indiscriminada o termo notificação tanto para comunicação do reclamante como para o reclamado.

A notificação citatória no Processo do Trabalho é feita conforme o artigo 841 da CLT; recebendo a petição inicial da ação trabalhista, o servidor notifica o reclamado, remetendo a segunda via da petição inicial, para o comparecimento a audiência de conciliação, instrução e julgamento, que será a primeira desimpedida, depois de cinco dias.

Notificação esta, que é feita por meio de registro postal (art. 841, primeira parte da CLT), com a função de citar o reclamado e, intimá-lo para o comparecimento à audiência.

EMENTA:

Citação. Recebimento pelo porteiro do prédio sede da empresa. Validade. Inaplicabilidade do princípio da pessoalidade. Na Justiça do Trabalho, nos termos do art. 841, parágrafo 1º da CLT, a citação é efetuada através de notificação postal, não estando sujeita ao princípio da pessoalidade. Em razão disso, é evidente que a citação foi válida e correta a aplicação da revelia. Não há qualquer nulidade a prosperar. A pessoa jurídica Ré foi procurada em seu endereço sede e, a relação de condomínio existente entre a reclamada e o edifício autoriza a validade da notificação recebida pelo porteiro. Afasto.

ACÓRDÃO N.: 20071010020

PROCESSO N.: 01247-2006-038-02-00-9 _____ ANO: 2007 _____ TURMA: 6ª

EMENTA:

Citação pelo correio. Processo do trabalho. Peculiaridade. No processo do trabalho, diferente do que se dá no processo comum, a citação por via postal não se faz, necessária e obrigatoriamente, na pessoa do réu – basta a simples entrega da correspondência no seu endereço. Válida, portanto, quando recebida por recepcionista, porteiro, zelador, vigia ou por qualquer pessoa que resida ou trabalhe no local. Essa a correta interpretação do art. 841 da CLT, fruto, aliás, de sólida contração jurisprudencial, que põe o processo a salvo de chicanas e de embaraços fáceis à citação. Se a correspondência não chega às mãos do réu, deve então ser apurada, no juízo competente, a responsabilidade civil por perdas e danos.

ACÓRDÃO N.: 20010759284

PROCESSO N.: 20010407973 _____ ANO: 2001 _____ TURMA: 1ª

Ressalta-se que não existe no Processo do Trabalho citação por hora certa, da citação postal, passa-se para a citação por edital.

Se o reclamado não for encontrado ou criar algum embaraço, a notificação será feita por edital, em jornal oficial ou na falta, será afixado na sede da Vara ou Juízo (segunda parte, art. 841 da CLT).

EMENTA:

Mandado de segurança. Citação por hora certa – O Processo do Trabalho não admite a citação com hora certa, porque existe dispositivo específico determinando que se o executado não for encontrado por duas vezes no espaço de 48 horas, deve o oficial de justiça certificar, passando-se para a citação por edital (CLT, art. 880, parágrafo 3º). Não vislumbro, portanto, direito líquido e certo que possa justificar e fundamentar a concessão do mandamus. Segurança denegada.

ACÓRDÃO N.: 2007011687

PROCESSO N.: 10401-2006-000-02-00-0 _____ ANO: 2006 _____ TURMA: SDI

Se o reclamado for citado por edital e ocorrer sua revelia, a CLT deixa claro que não é preciso ser nomeado curador especial para o revel, somente no caso do artigo 793, menor de 18 (dezoito) anos se dará curador especial.

EMENTA:

CURADOR ESPECIAL – NOMEAÇÃO PARA O RÉU REVEL CITADO POR EDITAL – INCOMPATIBILIDADE COM O PROCESSO DO TRABALHO. A CLT não é omissa no que se refere à figura do curador especial, pois a previu expressamente na hipótese do artigo 793, preferindo não fazê-lo para outras hipóteses, como a do artigo 880 e a do reclamado revel citado por edital. Não se aplica, portanto, ao Processo do Trabalho, por ser com este incompatível (nos casos de ações ordinárias comuns), a regra do artigo 9º, II, do CPC. Recurso Ordinário patronal conhecido e não provido, no particular.

ACÓRDÃO N.: <u>20071069300</u>

PROCESSO N.: 02313-2003-202-02-00-1 _____ ANO: 2005 _____ TURMA: 5ª

EMENTA:

ILEGITIMIDADE DE PARTE. Possui legitimidade para responder a ação a reclamada indicada como responsável subsidiária por eventual condenação, em face do trabalho prestado em seu favor. CERCEAMENTO DE DEFESA. CITAÇÃO EDITALÍCIA. A nomeação de curador especial à ré citada por edital, regra inserida no artigo 9º, inciso II, do CPC, não se aplica nesta Justiça Especializada. Com efeito, o texto celetista somente trata da nomeação de curador especial no artigo 793, ao dispor sobre o reclamante menor de 18 anos. Não se verifica hipótese de omissão do diploma que autorize a utilização supletiva do CPC, mas de silêncio eloquente. RESPONSABILIDADE PATRIMONIAL SUBSIDIÁRIA. A responsabilidade subsidiária resulta da culpa in eligendo do tomador de serviços que se beneficiou do trabalho executado por empregado da prestadora de serviços e por não ter escolhido empresa idônea, a fim de que não se afrontem os princípios tutelares do direito do trabalho. Aplicabilidade da Súmula n. 331, do Colendo TST.

ACÓRDÃO N.: <u>20080708654</u>

PROCESSO N.: 01273-2006-087-02-00-7 _____ ANO: 2007 _____ TURMA: 2ª

EMENTA:

CURADOR ESPECIAL – NOMEAÇÃO PARA O RÉU REVEL CITADO POR EDITAL – INCOMPATIBILIDADE COM O PROCESSO DO TRABALHO. A CLT não é omissa no que se refere à figura do curador especial, pois a previu expressamente na hipótese do artigo 793, preferindo não fazê-lo para outras hipóteses, como a do artigo 880 e a do reclamado revel citado por edital. Não se aplica, portanto, ao Processo do Trabalho, por ser com este incompatível (nos casos de ações ordinárias comuns), a regra do artigo 9º, II, do CPC. Recurso Ordinário patronal conhecido e não provido, no particular.

ACÓRDÃO N.: <u>20071069300</u>

PROCESSO N.: 02313-2003-202-02-00-1 _____ ANO: 2005 _____ TURMA: 5ª

Vale mencionar que a notificação por edital, como esclarece o artigo 774 da CLT, em seu parágrafo único, e entendimento sumulado do Tribunal Superior do Trabalho (Súmula n. 16), tratando-se de notificação postal, caso não encontrado o destinatário ou caso haja recusa de recebimento, o Correio ficará obrigado a devolvê-la no prazo de 48 (quarenta e oito) horas, sob pena de responsabilidade do servidor.

EMENTA:

"RECURSO ORDINÁRIO. INSS. SÚMULA N. 16 DO C. TST. APLICABILIDADE. Presume-se recebida a notificação 48 (quarenta e oito) horas depois de sua postagem. O seu não-recebimento ou a entrega após o decurso desse prazo constitui ônus de prova do destinatário."

RELATOR: PLINIO BOLIVAR DE ALMEIDA

ACÓRDÃO N.: 20050529360

PROCESSO N.: 00142-2004-315-02-00-1

ANO: 2004   TURMA: 1ª

EMENTA:

MANDADO DE SEGURANÇA. Falta de intimação/notificação da praça e/ou leilão designados. Presume-se recebida a notificação quarenta e oito horas depois de sua postagem, constituindo ônus do destinatário a prova do seu não recebimento ou entrega após o decurso do referido prazo. Aplicação da Súmula n. 16 do C. TST. Segurança denegada.

ACÓRDÃO N.: 2007045824

PROCESSO N.: 10601-2006-000-02-00-3 _____ ANO: 2006 _____ TURMA: SDI

Para finalizar vale ressaltar que o reclamante não pode agir com má-fé relatando o endereço errado com intuito de prejudicá-lo.

EMENTA:

AÇÃO RESCISÓRIA. NULIDADE DE CITAÇÃO NO PROCESSO ORIGINAL. OCORRÊNCIA. A informalidade adotada pelo processo do trabalho em relação à citação, que se faz pela via postal e com simples aviso de recebimento, não dispensa a exigência de sua postagem para o correto endereço da reclamada. Provando-se incorreto encaminhamento, ressalta a nulidade do ato, a alcançar todos os atos posteriores, inclusive o sentenciamento do feito à revelia, bem como ofensa direta ao princípio constitucional do contraditório e da ampla defesa, autorizador da rescisão da coisa julgada. Ação Rescisória que se julga procedente.

ACÓRDÃO N.: 2007041772

PROCESSO N.: 13302-2004-000-02-00-9   ANO: 2004   TURMA: SDI

Vale ressaltar o texto abaixo, que esta disposto no seguinte endereço: http://gilbertomelo.com.br/jurisprudencias-e-noticias/87/833-uso-da-internet-para-atos-processuais-na-justica-do-trabalho

Já está em vigor a instrução normativa n. 28 com que o Tribunal Superior do Trabalho permite às partes, advogados e peritos a utilização do correio eletrônico (e-mail) para a prática dos atos processuais que, anteriormente, dependiam exclusivamente de petição escrita na Justiça do Trabalho. A admissão do uso da Internet tem em vista, segundo o TST, a "facilidade de acesso e economia de tempo e de custos ao jurisdicionado", que a informática proporciona. Segundo a resolução n. 132/2005, a segurança da transmissão de dados decorre das vantagens propiciadas pela tecnologia de Infra-Estrutura de Chaves Públicas Brasileiras (ICP-Brasil). O sistema foi introduzido pela administração pública "para garantir a autenticidade, integridade e validade jurídica de documentos em forma eletrônica". As regras da Instrução Normativa estabelecem o Sistema Integrado de Protocolização e Fluxo de Documentos Eletrônicos, o chamado e-Doc, classificado como "um serviço de uso facultativo", disponível nas páginas do TST e dos Tribunais Regionais do Trabalho na Internet. Umas das principais vantagens do e-Doc está no art. 3º da Instrução Normativa. Segundo o dispositivo, a utilização do sistema dispensa a apresentação posterior, nos protocolos do TST e TRTs, dos originais ou de fotocópias autenticadas das petições transmitidas por e-mail. O acesso ao sistema requer o uso de identidade digital, que pode ser adquirida em qualquer autoridade certificadora (credenciada pela ICP-Brasil), e do cadastramento prévio, a ser obtido com o preenchimento de formulário eletrônico, disponível nas páginas do TST e dos TRTs na Internet.Leia a íntegra da Instrução normativa n. 28 Dispõe sobre o Sistema Integrado de Protocolização e Fluxo de Documentos Eletrônicos da Justiça do Trabalho (e-DOC). O TRIBUNAL SUPERIOR DO TRABALHO, em sua composição plena, no uso de suas atribuições legais e regimentais, CONSIDERANDO o disposto na Lei n. 9.800, de 26 de maio de 1999, que, em seu artigo 1º, permite às partes a utilização de sistema de transmissão de dados e imagens tipo fac-símile ou outro similar para a prática de atos processuais que dependam de petição escrita; CONSIDERANDO o disposto na Medida Provisória n. 2.200-2, de 24 de agosto de 2001, que instituiu a Infra-Estrutura de Chaves Públicas Brasileiras – ICP-Brasil, para garantir a autenticidade, a integridade e a validade jurídica de documentos em forma eletrônica, e CONSIDERANDO as vantagens propiciadas pela tecnologia de Infra-Estrutura de Chaves Públicas Brasileiras – ICP-Brasil, que permite a transmissão de dados de maneira segura, criando facilidade de acesso e economia de tempo e de custos ao jurisdicionado, R E S O L V E: Art. 1º Instituir o Sistema Integrado de Protocolização e Fluxo de Documentos Eletrônicos, denominado e-DOC, no âmbito da Justiça do Trabalho, que permite às partes, advogados e peritos utilizar a Internet para a prática de atos processuais dependentes de petição escrita. § 1º O e-DOC é um serviço de uso facultativo, disponível nas páginas do Tribunal Superior do Trabalho e dos Tribunais Regionais do Trabalho, na Internet. § 2º É vedado o uso do e-DOC para o envio de petições destinadas ao Supremo Tribunal Federal. Art. 2º As petições, acompanhadas ou não de anexos, apenas serão aceitas em formato PDF (Portable Document Format), no tamanho máximo, por operação, de 2 Megabytes. Parágrafo único. Não se admitirá o fracionamento de petição, tampouco dos documentos que a acompanham, para fins de transmissão. Art. 3º O envio da petição por intermédio do e-DOC dispensa a apresentação posterior dos originais ou de fotocópias autenticadas. Art. 4º O acesso ao e-DOC depende da utilização, pelo usuário, da sua identidade digital, a ser adquirida perante qualquer Autoridade Certificadora credenciada pela ICP-Brasil, e de seu prévio cadastramento perante os órgãos da Justiça do Trabalho. § 1º O cadastramento será realizado mediante o preenchimento de formulário eletrônico, disponível nas páginas do Tribunal Superior do Trabalho e dos Tribunais Regionais do Trabalho, na Internet. § 2º Alterações de dados cadastrais poderão ser feitas pelos usuários, a qualquer momento, nas páginas do Tribunal Superior do Trabalho e dos Tribunais Regionais do Trabalho, na Internet. § 3º O cadastramento implica a aceitação das normas estabelecidas nesta Instrução Normativa. Art. 5º O Sistema Integrado de Protocolização e Fluxo de Documentos Eletrônicos (e-DOC), no momento do recebimento da petição, expedirá recibo ao remetente, que servirá como comprovante de entrega da petição. § 1º Constarão do recibo as seguintes informações: I – o número de protocolo da petição gerado pelo Sistema; II – o número do processo e o nome das partes, se houver, o assunto da petição e o órgão destinatário da petição, informados pelo remetente; III – a data e o horário do recebimento da petição no Tribunal, fornecidos pelo Observatório Nacional, e IV – as identificações do remetente da petição e do usuário que assinou eletronicamente o documento. § 2º A qualquer momento o usuário poderá consultar no e-DOC as petições que enviou e os respectivos recibos. Art. 6º Incumbe aos Tribunais, por intermédio das respectivas unidades administrativas responsáveis pela recepção das petições transmitidas pelo e-DOC: I – imprimir as petições e seus documentos, caso existentes, anexando-lhes o comprovante de recepção gerado pelo Sistema, e II – verificar, diariamente, no sistema informatizado, a existência de petições eletrônicas pendentes de processamento. Art. 7º São de exclusiva responsabilidade dos usuários: I – o sigilo da assinatura digital, não sendo oponível, em qualquer hipótese, alegação de seu uso indevido; II – a equivalência entre os dados informados para o envio (número do processo e unidade judiciária) e os constantes da petição remetida; III – as condições das linhas de comunicação e acesso ao seu provedor da Internet; IV – a edição da petição em conformidade com as restrições impostas pelo serviço, no que se refere à formatação e tamanho do arquivo enviado, e V – o acompanhamento da divulgação dos períodos em que o serviço não estiver disponível em decorrência de manutenção no site do Tribunal. Parágrafo único. A não-obtenção pelo usuário de acesso ao Sistema, além de eventuais defeitos de transmissão ou recepção de dados, não serve de escusa para o descumprimento dos prazos legais. Art. 8º Incumbe ao usuário observar o horário de funcionamento das unidades judiciárias responsáveis pela recepção das petições transmitidas por intermédio do e-DOC, devendo atentar para as diferenças de fuso horário existentes no País. § 1º As petições transmitidas fora dos horários de atendimento ao público, definidos em regulamentação de cada Tribunal, serão consideradas como recebidas no expediente subsequente. § 2º Não serão considerados, para efeito de tempestividade, o horário da conexão do usuário à Internet, o horário do acesso ao site do Tribunal, tampouco os horários consignados nos equipamentos do remetente e da unidade destinatária. Art. 9º O uso inadequado do e-DOC que venha a causar prejuízo às partes ou à atividade jurisdicional importa bloqueio do cadastramento do usuário, a ser determinado pela autoridade judiciária competente. Art. 10. Os casos omissos serão resolvidos pelos Presidentes dos Tribunais, no âmbito de suas esferas de competência. Art. 11. Esta Instrução Normativa entra em vigor na data de sua publicação. (Com informações do TST).

E ainda vale frisar o comentário do site: http://pt.shvoong.com/law--and-politics/504465-comunica%C3%A7%C3%A3o-atos-processuais/

COMUNICAÇÃO DOS ATOS PROCESSUAIS CIVIS. A comunicação dos atos processuais nasce diante da necessidade de cientificar as partes sobre atos praticados e a serem praticados. Para o desenrolar do processo é imprescindível que os atos judiciais sejam comunicados. **São formas de comunicação dos atos processuais:** a) cartas precatórias – para outra comarca, dentro do território nacional; b) cartas rogatórias – para outro país; c) carta de ordem – de um tribunal para um juiz que lhe esteja subordinado; d) citações – por correio, por mandado judicial, por edital e por hora certa; e) intimação – para cientificação de atos e termos do processo (ato já praticado); f) notificação – para comunicar que seja praticado um determinado ato pelas partes (ato futuro). Para melhor entendimento serão expostos alguns detalhes sobre a citação que é a mais importante comunicação dos atos processuais. **Citação**, deriva do latim "ciere", que significa pôr em movimento, agitar, chamar, convocar. Para o artigo 213 do Código de Processo Civil (CPC): "citação é o ato pelo qual se chama a juízo o réu ou interessado a fim de se defender". Como se vê, na citação, que ato exclusivo do juiz, ocorre o chamamento do réu a juízo para se manifestar sobre a ação contra ele proposta. Cabe ressaltar que a citação é garantia fundamental que está alicerçada no princípio constitucional do contraditório e da ampla defesa (art. 5º, LIV, CF/88). **São modalidades de citação:** a) por mandado judicial – feita pessoalmente ao réu pelo oficial de justiça; b) pelo correio – é a regra, feito pelo correio para qualquer lugar do país, por meio de carta com aviso de recebimento; c) por edital – quando réu se encontre em lugar incerto e não sabido ou o lugar for inacessível; d) por hora certa – quando o réu se oculta para não receber a citação do oficial de justiça. **A citações, em regra, devem conter:** a) nome do autor e do réu bem como seus domicílios; b) cópia da petição inicial; c) advertência que os fatos alegados pelo autor serão presumidos verdadeiros, se não forem contestados (desde que verse sobre direitos disponíveis); d) comunicação pleiteada pelo autor; e) data da audiência; f) cópia do despacho determinando a citação; g) prazo para defesa; h) assinatura do juiz. **São requisitos de validade do edital:** a) a afirmação do autor ou a certidão de oficial de justiça que declare estar o réu em lugar incerto ou não sabido; b) afixação do edital na sede do juízo e certificada pelo escrivão; c) publicação do edital no prazo máximo de 15 dias, uma vez no diário oficial e outras duas vezes no jornal local; d) prazo para contestar (variável de 20 a 60 dias). **São requisitos para a validade da citação por hora certa:** a) o oficial ter procurado pelo réu por três vezes, em dias e horários diferentes; b) haver suspeita de ocultação do réu; c) informar a qualquer pessoa da família do réu ou seu vizinho, que retornará em determinada data e horário para a entrega da citação; d) no dia marcado retornará, não encontrando o réu, entregará a citação a algum familiar ou vizinho do réu. **A citação válida produz os seguintes efeitos:** a) prevenção; b) litigiosidade do objeto discutido em juízo; c) litispendência; d) constituição do devedor em mora; d) prescrição. Vale lembrar que, com a recente reforma do Código de Processo Civil (introduzida pela Lei n. 11.208/2006), **o juiz poderá declarar a prescrição de ofício**. Outro ponto a ser destacado é que o CPC não estabelece distinção entre intimação e notificação, cita apenas de forma geral a comunicação de atos processuais no decorrer do processo (art. 234). Essa distinção é feita apenas pela doutrina.

Publicidade dos atos processuais

Os atos processuais serão públicos, para que a sociedade possa fiscalizá-los, salvo casos excepcionais que corra em segredo e justiça ou quando determinar o interesse social.

Nesta esteira Renato Saraiva narra: "Somente em casos é admitido que o processo, na Justiça do Trabalho, ocorra em segredo de justiça, como nas hipóteses de preservação do direito à intimidade da parte, discriminação por motivo de doença, sexo, discussão relativa a atos de improbidade praticados por obreiro, assédio moral ou sexual etc." (Curso de Direito Processual do Trabalho, ed. 5ª, Editora Método).

A publicidade é um princípio do direito processual, no qual o ato processual pode ser presenciado por qualquer pessoa, os autos examinados e também ser obtidas certidões.

Publicidade ampla, inserida pela Emenda Constitucional n. 45/2004, na qual prestigiou a publicidade nos julgamentos dos órgãos do Poder Judiciário.

O artigo 770, da CLT menciona a publicidade no Direito do Trabalho e delimita o horário dos atos processuais, que serão realizados nos dias úteis das 6 (seis) as 20 (vinte) horas, atos estes realizados fora do edifício do juízo, pois o expediente forense é fixado pelo regimento dos Tribunais.

EMENTA:

PRAZO. DE CONFORMIDADE COM O PARÁGRAFO ÚNICO DO ART. 240 DO CPC, AS INTIMAÇÕES CONSIDERAM-SE REALIZADAS NO PRIMEIRO DIA ÚTIL SEGUINTE, SE TIVEREM OCORRIDO EM DIA EM QUE NÃO TENHA HAVIDO EXPEDIENTE FORENSE. ASSIM, A INTIMAÇÃO FEITA NO SÁBADO É TIDA COMO OCORRIDA NA 2ª. FEIRA SEGUINTE SE FOR DIA ÚTIL, INICIANDO-SE O PRAZO NA 3ª FEIRA.

ACÓRDÃO N.: 02960288585

PROCESSO N.: 02950340169 ____ANO: 1995 ____ TURMA: 9ª

EMENTA:

TEMPESTIVIDADE DO RECURSO. ENCERRAMENTO DO EXPEDIENTE PÚBLICO. NADA OBSTANTE DISPONHA O ART. 172 DO CPC QUE OS ATOS PROCESSUAIS DEVEM SER EFETUADOS EM DIAS ÚTEIS E DAS SEIS AS DEZOITO HORAS, ADMITE A JURISPRUDÊNCIA MAIS LIBERAL QUE ESSE HORÁRIO POSSA EXCEPCIONALMENTE SER EXCEDIDO ATÉ O ÚLTIMO MINUTO DAS 18:00 HORAS, VALE DIZER, ATÉ AS 18:59 HORAS, NA HIPÓTESE DE O SERVIÇO DE PROTOCOLO ESTAR ABERTO, OU DE AINDA HAVER EXPEDIENTE INTERNO, QUE PERMITIA A REALIZAÇÃO DO ATO.

ACÓRDÃO N.: 02950443600

PROCESSO N.: 02950035242 ____ANO: 1995 ____ TURMA: 8ª

Porém a prática dos atos processuais, será possível fora do expediente forense, desde que aja autorização expressa do juiz, podendo ocorrer em domingos e feriados.

Nesse diapasão, o texto abaixo, encontrado no endereço http://www.boletimjuridico.com.br/doutrina/texto.asp?id=1252 traz aspectos interessantes ao assunto tratado:

I – A JUSTIÇA DO TRABALHO
Antes da Constituição de 1946, a Justiça do Trabalho era um órgão meramente administrativo.

Sendo que na Constituição de 1988, foi atribuído a titulação de juiz aos representantes classistas, extinta pela Emenda Constitucional n. 24 de 1999, que também alterou a denominação das Juntas de Conciliação e Julgamento, que passaram a se chamar Varas do Trabalho.

Os magistrados ingressam na carreira através de concurso público de provas e títulos, exceção apenas é a admissão do Quinto Constitucional pelo qual advogados (OAB) e procuradores (MP) ingressam diretamente e sem concurso no Tribunal, indicados pelas respectivas entidades.

II – DO PROCESSO JUDICIÁRIO DO TRABALHO / ATOS DO JUIZ TRABALHISTA

Os atos processuais, como o próprio nome diz, são os praticados no curso do processo.

No Direito Processual vige o princípio da publicidade dos atos processuais. A lei só poderá restringir a publicidade dos atos processuais quando a defesa da intimidade ou o interesse social o exigirem (art. 5º, LX, CF). São públicos os atos processuais, podendo toda a gente apreciá-los. São realizados em dias úteis, entre 6 e 20h (art. 770 da CLT), mas é possível a prática de atos processuais inclusive fora do expediente forense habitual, que se encerra às 18h, desde que os atos sejam iniciados antes das 20h e o adiamento prejudicar a diligência ou causar grave dano (§ 1º do art. 172 CPC).

Além de atos decisórios (sentenças, decisões, despachos), o juiz pratica atos reais ou materiais, como os atos instrutórios e de documentação:

DESPACHOS:

A determinação de juntada de requerimentos, arrazoados ou documentos; a designação de data para a realização de atos processuais, tais como audiências, inspeção judicial; entrega de laudos periciais etc.; a determinação de vista às partes, de remessa dos autos ao contador, ou ao distribuidor para anotação etc. (Atos do juiz, arts. 162-5 CPC)

SENTENÇA:

A natureza jurídica da sentença é a afirmação da vontade da lei, declarada pelo juiz, como órgão do Estado, aplicada a um caso concreto a ele submetido. Trata-se de um comando, de um ato lógico do juiz, envolvendo um ato de vontade e de inteligência do magistrado, na afirmação da lei.

O juiz poderá determinar que o processo corra em Segredo de Justiça. Nos casos de Arresto (art. 815 do CPC), Sequestro (art. 823 do CPC) e busca e apreensão (art. 841 do CPC), se a pessoa tiver conhecimento anterior da medida, não deixará que o ato seja praticado, ou irá tentar frustrá-lo. Nessas hipóteses, poderia o juiz determinar, num primeiro momento, que corresse em Segredo de Justiça, apenas para realização de tais atos.

Nos domingos e feriados poderá ser realizada a penhora, desde que haja autorização expressa do juiz ou presidente (parágrafo do art. 770 da CLT). Aquele ato deve, em princípio, obedecer ao mesmo horário para a prática dos atos processuais na Justiça do Trabalho, ou seja, das 6 às 20h.

III – NULIDADES PROCESSUAIS

Nulidade é a sanção determinada pela lei, que priva o ato jurídico de seus efeitos normais, em razão do descumprimento das formas mencionadas na norma jurídica.

No processo que se encontrar na fase até a sentença, as nulidades serão pronunciadas pelo juiz. Sendo que o juiz ou Tribunal que pronunciar a nulidade declarará os atos a que ela se estende. (art. 797 CLT)

Os juízes e Tribunais do Trabalho terão ampla liberdade na direção do processo e velarão pelo andamento rápido das causas, podendo determinar qualquer diligência necessária ao esclarecimento delas. (art. 765 CLT) Lembrando que nos casos omissos, o direito processual comum será fonte subsidiária do direito processual do trabalho. (art. 769 CLT)

E ainda, frisamos o texto abaixo, encontrado no endereço eletrônico http://www.abdir.com.br/doutrina/ver.asp?art_id=996&categoria=TGD que determina:

O princípio da publicidade dos atos processuais

1. Introdução; 2. Evolução histórica; 3. O princípio da publicidade dos atos processuais e suas generalidades; 4. Os princípios da publicidade dos atos processuais e da isonomia; 5. O princípio da publicidade dos atos processuais e o processo civil; 6. O princípio da publicidade dos atos processuais e o processo penal; 7. O princípio da publicidade dos atos processuais e o processo do trabalho; 8. O princípio da publicidade dos atos processuais e o processo coletivo; 9. O princípio da publicidade dos atos processuais e o processo administrativo; 10. Algumas questões práticas; 11. Conclusão.

1. Introdução

Com a Constituição de 1988 nasce um Brasil fundado na cidadania, um Estado Democrático de Direito baseado no respeito aos direitos e garantias individuais. A Lei Maior consagrou princípios para assegurar a democracia e a existência desse novo Estado.

Dentre os princípios fixados na Constituição de 1988 está o da publicidade dos atos processuais fundamental para garantir a existência do Estado de Direito. Nesse Estado o processo passa a ter um escopo político e fica caracterizada a sua natureza de instrumento de exercício da cidadania e da democracia. Nestes anos de vigência da Constituição a sociedade brasileira se fortaleceu e seus cidadãos aumentaram a consciência dos seus papéis no desenvolvimento e fiscalização do Estado.

O presente estudo tem por objetivo fazer um esboço do princípio da publicidade dos atos processuais ressaltando a sua importância em todos os ramos do direito processual e seu papel de destaque no Estado de Direito. Para tanto analisaremos a evolução histórica do princípio da publicidade dos atos processuais, depois passaremos ao estudo dos aspectos gerais deste princípio e em seguida estudaremos sua relação com outro princípio de elevadíssima importância em nosso ordenamento jurídico, o princípio da isonomia, consagrado constitucionalmente.

Continuaremos o estudo do princípio da publicidade dos atos processuais relacionando-o com os processos civil, penal, do trabalho, coletivo e administrativo; por fim abordaremos algumas questões práticas ensejadas pela publicidade dos atos processuais.

2. Evolução histórica

O princípio da publicidade dos atos processuais é uma das conquistas da Revolução Francesa, foi neste período que "se reagiu contra o juízo secreto e de caráter inquisitivo dos anos anteriores" tendo ficado famosas as palavras proferidas por Mirabeau perante a Assembléia Nacional: "donnez-moi le juge que vous voudrez: partial, corrupt, mom ennemi même, si vous voulez, peu m'imort pourvu qu'il ne puise rien faire qu'à la face du public".

Antes disso, só se vai verificar a existência de publicidade procedimental no direito romano primitivo, sensivelmente mitigada até o século XII, quando o direito canônico sepultou o princípio. No Brasil, a tradição remonta ao império.

A Convenção de Salvaguardas do Direito do Homem e da Liberdade Fundamental garante o princípio da publicidade no seu art. 6º e a Declaração Universal dos Direitos do Homem, solenemente proclamada pela Organização das Nações Unidas em 1948, o faz no art. 10º:

"Article 10 – Everyone is entitled in full equality to a fair and public hearing by an independent and impartial tribunal, in the determination of his rights and obligations and of any criminal charge against him".

No processo civil argentino também vige a regra da publicidade dos atos judiciais, como podemos perceber da leitura do Código Procesal Civil y Comercial de La Nación (Ley nº 17.454) "art. 125. REGLAS GENERALES – Las audiencias, salvo disposición expresa em contrario, se ajustarán a las siguientes reglas: 1º Serán públicas, a menos que los jueces o tribunales, atendiendo a las circunstancias del caso, dispusieren lo contrario mediante resolución fundada".

No ordenamento jurídico brasileiro esta garantia processual que antes era assegurada apenas em nível de lei ordinária – nos artigos 155 do CPC, 792 do CPP e 770 da CLT – se encontra atualmente consagrada como garantia constitucional no art. 5º, inciso LX e art. 93, IX da Constituição Federal.

O art. 5º, inciso LX, afirma que "a lei só poderá restringir a publicidade dos atos processuais quando a defesa da intimidade ou o interesse social o exigirem". E segundo o art. 93, IX, "Todos os julgamentos dos órgãos do Poder Judiciário serão públicos, e fundamentadas todas as decisões, sob pena de nulidade, podendo a lei limitar a presença, em determinados atos, às próprias partes e a seus advogados, ou somente a estes, em casos nos quais a preservação do direito à intimidade do interessado no sigilo não prejudique o interesse público à informação" (art. 93, IX, com a redação dada pela Emenda Constitucional n. 45 de 30 de dezembro de 2004). Esta elevação constitucional de alguns princípios, como o da publicidade dos atos processuais, passou a garantir maior segurança jurídica. Segundo Dimitri Dimoulis "a submissão aos mandamentos constitucionais limita os riscos de decisões arbitrárias das autoridades estatais".

Podemos encontrar o princípio da publicidade dos atos processuais com amplitude semelhante a do nosso ordenamento jurídico nas legislações da França, Alemanha, Japão, Estados Unidos e antiga União das Repúblicas Socialistas Soviéticas.

3. O princípio da publicidade dos atos processuais e suas generalidades. O processo é instrumento de exercício da democracia e da cidadania. Pelo processo, o cidadão tem a seu dispor instrumento capaz de prover os direitos privados de máxima garantia social com mínimo sacrifício das liberdades individuais e coletivas. Ensina Cândido Rangel Dinamarco que hoje em dia é mister ver no processo uma destinação que vá além do desejo individual à satisfação de interesse, uma vez que o "o próprio direito tem inegavelmente um fim político" sendo necessário encarar o processo como um instrumento "de que o Estado se serve para a consecução dos objetivos políticos que se situam por detrás da própria lei".

E é pelo princípio da publicidade dos atos processuais que se faz a fiscalização e o controle desse instrumento tão importante para a sociedade. A publicidade constitui um poderoso instrumento de fiscalização popular tanto dos atos dos magistrados, quanto dos membros do Ministério Público como dos próprios advogados. Sendo uma preciosa garantia do indivíduo no exercício da jurisdição.

Dessa forma, a publicidade dos atos processuais tem como uma de suas vantagens permitir o controle dos atos processuais, evitando abusos, constituindo-se num mecanismo de segurança e garantia contra a falibilidade humana.A abertura para o conhecimento público dos atos não é uma qualidade só do processo, mas de todo e qualquer sistema de direito que não se embase na força, na exceção e no autoritarismo. Assim, o princípio da publicidade dos atos processuais é corolário do Estado Democrático de Direito, constante do art. 1º da Constituição. Sabendo-se que o processo é instrumento de exercício do poder estatal, a transparência é fundamental para que não seja contrariada a noção de democracia.

Segundo Kelsen o Estado de Direito satisfaz os requisitos da democracia e da segurança jurídica, ademais lembra Canotilho que uma das características deste tipo de Estado é a transparência, nas palavras do autor:

"Retenhamos a idéia de fecho do número anterior: o Estado de Direito garante a segurança e a liberdade. É isso. Através de um conjunto de princípios jurídicos procura-se estruturar a ordem jurídica de forma a dar segurança e confiança às pessoas. A experiência comum revela que as pessoas exigem fiabilidade, clareza, racionalidade e transparência aos actos dos poderes públicos, de forma a poder orientar a sua vida de forma segura, previsível e calculável" (grifo nosso).

Cabe frisar, ademais, que o princípio da publicidade dos atos processuais é de interesse do próprio Estado, pois o ato praticado em público gera mais confiança do que aquele ato realizado às escondidas, conduzindo a uma maior credibilidade da decisão proferida. Destarte, a publicidade dos atos processuais é vantajosa não apenas para os cidadãos, mas também para o próprio Poder Judiciário.

Neste sentido afirma Rui Portanova:

"Em verdade é interesse da própria justiça que seus trabalhos sejam públicos. A publicidade é um anteparo a qualquer investida contra a autoridade moral dos julgamentos. O ato praticado em público inspira mais confiança do que o praticado às escondidas. A publicidade dos atos processuais, portanto, interessa igualmente ao Poder Judiciário e aos cidadãos em geral. A publicidade garante mais confiança e respeito, além de viabilizar a fiscalização sobre as atividades dos juízes". O sistema da publicidade dos atos processuais situa-se entre as maiores garantias de independência, imparcialidade, autoridade e responsabilidade do juiz, garantindo a reta aplicação da lei.

Contudo, não devemos confundir as idéias de independência e imparcialidade do juiz com a idéia de neutralidade. Segundo Rui Portanova enquanto a imparcialidade está ligada institucionalmente à questão do juiz natural e, processualmente, à condição pessoal do juiz-homem-individual, a neutralidade é dado subjetivo que liga o juiz-cidadão-social e sua visão geral de mundo, no concerto da comunidade e da ciência. A independência está ligada ao ofício de julgar, ao desenvolver esta atividade o juiz não pode sofrer interferência de fatores externos a jurisdição, o juiz precisa estar imune à pressão externa.

A nosso ver enquanto é possível que se assegure um juiz independente, possível de exercer sua atividade de julgador sem sofrer pressões exteriores, bem como é possível que se garanta que este juiz não terá interesse pessoal na causa. Não é possível falar em juiz neutro, pois este não se encontra em uma posição que possa estar imune a influências sociais, não podemos retirar do juiz as convicções e crenças. Não devemos, dessa forma, fechar os olhos para esta realidade e acreditar que o Poder Judiciário encontra-se em um patamar que o torna isento de toda e qualquer influência social.

Neste sentido Benjamin N. Cardozo afirma que:

"Há forças que os juízes reconhecidamente lançam mão para dar forma e conteúdo a seus julgamentos. Contudo, abaixo da consciência residem outras forças, os gostos e as aversões, as predileções e os preconceitos, o complexo de instintos, emoções, hábitos e convicções que compõem o homem, seja ele litigante ou juiz. Tem havido uma certa falta de franqueza em boa parte da discussão desse tema, ou talvez, melhor dizendo, na recusa em discuti-lo, como se os juízes perdessem respeito e confiança devido ao lembrete de que estão sujeitos às limitações humanas. Há uma grandeza no conceito que eleva ao reino da razão pura, acima e além do remoinho de forças perturbadoras e desviantes. Não obstante, se há alguma realidade na análise do processo judicial, os juízes não ficam isolados em alturas gélidas e distantes; e não se favorece a causa da verdade agir e falar como se assim fosse".

Percebemos mais ainda a importância do princípio da publicidade dos atos processuais, pois é concedendo amplo conhecimento dos atos processuais que se possibilita a sociedade ter conhecimento de como decidem os juízes, afastando-se a falsa idéia de neutralidade. E permitindo-se um maior controle dessas decisões, assegurando-se o sistema processual democrático.

Chiovenda destaca que a publicidade dos atos processuais pode ser entendida de duas maneiras: como a admissão de terceiros (público) para assistir os atos ou como a necessidade entre as partes de que todos os atos processuais possam ser presenciados por ambas.

Na doutrina nacional Antonio Carlos de Araújo Cintra, Ada Pellegrini Grinover e Cândido Rangel Dinamarco também fazem essa distinção ao afirmarem que há dois tipos de publicidade, uma conhecida como publicidade popular e outra denominada publicidade restrita.

A publicidade popular é justamente aquela que assegura a todos os indivíduos o conhecimento dos atos processuais. Ao seu lado a publicidade restrita consagra o sistema "pelo qual os atos processuais são públicos só com relação às partes e seus defensores, ou a um número reduzido de pessoas".

No Brasil, por regra, pela disciplina constitucional, o processo é público. A lei só poderá restringir a publicidade dos atos processuais quando a defesa da intimidade ou o interesse social o exigirem (CF, art. 5º, inc. LX). Todos os julgamentos dos órgãos do Poder Judiciário serão públicos, e fundamentadas todas as decisões, sob pena de nulidade, podendo a lei limitar a presença, em determinados atos, às próprias partes e a seus advogados, ou somente a estes, em casos nos quais a preservação do direito à intimidade do interessado no sigilo não prejudique o interesse público à informação (art. 93, IX, com a redação dada pela Emenda Constitucional n. 45 de 30 de dezembro de 2004).

Notamos que apesar de a regra geral ser a da publicidade dos atos processuais este princípio não é absoluto há casos em que a própria Constituição limita este princípio. Estas limitações existem para que seja preservado o Estado Democrático de Direito, pois não há Estado de Direito quando se permite a violação irrestrita da intimidade, da vida privada, da honra e da imagem das partes do processo.

Dessa forma, há no nosso ordenamento jurídico a possibilidade de decretação do segredo de justiça. O objetivo do "segredo de justiça" é impedir que o público em geral tenha acesso aos autos para a preservação da intimidade das pessoas envolvidas no processo ou procedimento, e para proteger um interesse social, como o normal andamento do processo quando a divulgação das provas possa levar a uma sentença equivocada.

Cabe frisar que com a nova redação dada pela Emenda Constitucional n. 45 ao art. 93, IX da Constituição passou-se a privilegiar o princípio da publicidade, pois, como acima transcrito será preservada a intimidade da parte desde que esta não prejudique o interesse público à informação.

Neste mesmo diapasão Nelton dos Santos afirma:

"Em outras palavras, o atual texto constitucional estabelece que o direito à intimidade cede diante do interesse público à informação. Assim, ainda que, em princípio, fosse caso de preservar a intimidade da parte, cumprirá ao juiz aferir, no caso concreto, se existe interesse público à informação; sendo positiva a resposta, ele não decretará o segredo de justiça".

Ademais, lembra Nelson Nery Junior:

"As sessões de Conselho, secretas, previstas no Regimento Interno do Supremo Tribunal Federal (art. 124, *caput*; arts. 151 a 153; art. 328, n. VIII), que a todos os títulos feriam o princípio do estado de direito e de seu corolário (o da necessidade da motivação das decisões judiciais), foram em boa hora banidas da ordem jurídica do país por força do preceito constitucional ora analisado".

Importante destacar que tradicionalmente divide-se a disciplina dos efeitos da publicidade em duas: quanto à realização da audiência (parte oral) e quanto ao acesso aos autos (parte escrita do procedimento). Por princípio – tendo em vista a própria natureza do ato -, a audiência é pública, mas também o processo em geral, é público. As restrições possíveis ao acesso às audiências são as previstas em lei (art. 155, incs. I e II do CPC). De qualquer forma essas restrições dizem respeito somente ao público e não às partes.

4. Os princípios da publicidade dos atos processuais e da isonomia

O art. 5º, *caput* e inc. I da C.F. de 1988 estipula que todos são iguais perante a lei. Esta igualdade deve ocorrer não apenas no plano formal, mas também e principalmente no campo material, significa dizer que não basta a lei dizer que o seu enunciado respeita o princípio da igualdade, é preciso que realmente o faça. E igualdade material conforme notória máxima de Aristóteles seria tratar igualmente os iguais e desigualmente os desiguais na medida de suas desigualdades.

Cabe frisar a importância do princípio da publicidade para o efetivo respeito ao princípio da isonomia material, pois para que seja assegurada a igualdade das partes no processo é preciso que lhes sejam concedidas idênticas oportunidades de conhecimento do processo.

Como corolário do princípio da isonomia está o princípio do contraditório ou da bilateralidade de audiência, que assegura a ciência bilateral dos atos e termos processuais e a possibilidade de contrariá-los com alegações e provas. Para tanto é preciso que seja dada publicidade dos atos processuais.

Assim, quando se concede ao processo o caráter da publicidade permiti-se que as partes tenham conhecimento de todos os atos do processo, restando garantida a possibilidade de exercer todos os atos necessários para a defesa dos seus direitos. Dessa forma, mesmo quando se adota o sistema da publicidade restrita ou interna, limitando-se o exame dos autos, o acompanhamento das audiências e sessões e à obtenção de certidões, às partes e a seus procuradores é assegurado o direito de conhecimento do processo e de todos os atos praticados.

Esclarece Nelton dos Santos que a noção de parte neste caso é ampla abrangendo o terceiro interveniente, e que mesmo nos casos em que o processo tramite em segredo de justiça, o terceiro que demonstrar interesse jurídico pode requerer ao juiz certidão do dispositivo da sentença, bem como de inventário e partilha resultante do desquite.

Nas palavras de Celso Antônio Bandeira de Melo "a lei não pode ser fonte de privilégios ou perseguições: todos os abrangidos pela lei devem receber tratamento parificado, sendo vedado que o ditame legal defira disciplinas diversas para situações equivalentes". O princípio da publicidade dos atos processuais é de suma importância para a garantia da igualdade das partes no processo.

5. O princípio da publicidade dos atos processuais e o processo civil. A regra da publicidade dos atos processuais está prevista no Código de Processo Civil no seu art. 155 – numa acepção mais geral – e nos artigos 815, 823, 841. Estes artigos nos mostram que prevalece no processo civil a regra da publicidade dos atos judiciais – em consonância com o sistema constitucional –, fixando não só a regra geral da publicidade, mas prevendo as hipóteses em que o princípio pode ser limitado. Assim, demonstram que o princípio da publicidade dos atos processuais só pode sofrer restrições nas hipóteses em que a lei estabelecer.

Um questionamento que muitas vezes que se coloca é sobre a constitucionalidade do artigo 155 do CPC. Prevê o artigo:

"Art. 155. Os atos processuais são públicos. Correm, todavia, em segredo de justiça os processos:

I – em que o exigir o interesse público II – que dizem respeito a casamento, filiação, separação dos cônjuges, conversão desta em divórcio, alimentos e guarda de menores".

Cabe frisar que no primeiro inciso o artigo estabelece numa acepção ampla as hipóteses de exceção, em cada caso dirá o juiz a seu critério quando o interesse público exige o segredo. Segundo Nelton dos Santos o "inciso I do dispositivo legal em análise alude ao segredo de justiça exigido pelo interesse público" seria uma "fórmula genérica" ficando a cargo do juiz "traduzi-la à vista das peculiaridades do caso e por meio de decisão motivada".

No segundo inciso o legislador enumerou as hipóteses que excetuam o princípio da publicidade, quais sejam aquelas que digam respeito a casamento, filiação, separação dos cônjuges, conversão desta em divórcio, alimentos, guarda de menores e nas demais causas que o exigir o interesse público.

Bem esclarece Nelton dos Santos que no inciso II o legislador objetivou a proteção do direito à intimidade, "a lei zela pelo respeito à dignidade da pessoa e da família, de modo que se possa tratar desses delicados temas ao largo do olhar de terceiros". Com efeito, indaga-se se uma vez previsto o princípio da publicidade na Constituição não estaria esta regra do Código de Processo Civil em dissonância com o ordenamento jurídico pátrio ao prever o segredo de justiça.

Ocorre que o artigo ao estabelecer em seu seus incisos as hipóteses de exceção ao princípio da publicidade dos atos processuais prevê este como regra geral no processo civil. Assim, a regra presente no artigo 155 do CPC é a da publicidade dos atos processuais prevendo apenas algumas exceções a este princípio, estando a norma presente neste artigo de acordo com os ditames constitucionais , uma vez que a própria Constituição previu a possibilidade de se restringir a publicidade dos atos processuais.

O parágrafo único do artigo 155 estabelece que:

"o direito de consultar os autos e de pedir certidões de seus atos é restrito às partes e a seus procuradores. O terceiro, que demonstrar interesse jurídico, pode requerer ao juiz certidão do dispositivo da sentença, bem como de inventário e partilha resultante do desquite".

O conteúdo da norma presente nesse artigo diz respeito à generalidade dos processos ou está restrito apenas aos casos presentes no *caput* do artigo 155 do CPC? A nosso ver a melhor interpretação deste artigo é aquela que entende que o parágrafo único do art. 155 diz respeito apenas aos casos que tramitam em segredo de justiça, caso contrário estar-se-ia indo de encontro ao conteúdo do princípio da publicidade dos atos processuais previsto na Constituição Federal.

Esclarecem Nelson Nery Júnior e Rosa Maria de Andrade Nery:

"A regra é a de que, independentemente de despacho nesse sentido, o escrivão dará a quem requerer certidão de qualquer ato ou termo do processo (CF 5º, XXXIV b e CPC 141 V). Se o processo correr em segredo de justiça, as partes, seus procuradores e o MP podem obter certidão de qualquer ato ou termo do processo. O terceiro e o advogado que não é procurador das partes (CPC 40 I), contudo, só obterá certidão do dispositivo de sentença de processo que tramita em segredo de justiça, como aliás ocorre em processo administrativo contra magistrados (LOMN 27 § 7º). Se se tratar de processo de separação, litigiosa ou amigável (LDi 4º e 5º), ou de divórcio (LDi 40 IV, 43) o terceiro terá direito a certidão do inventário e da partilha dos bens dos cônjuges separados".

Além dessas hipóteses que atingem o processo em todos os seus atos, o CPC prevê outras em que o segredo é limitado a determinados atos. Assim, no interesse de que não se frustrem medidas liminares, são previstos casos de restrição à publicidade na justificação prévia para o arresto (art. 815), para o sequestro (art. 823) e para a busca e apreensão (art. 841).

6. O princípio da publicidade dos atos processuais e o processo penal. No processo penal o princípio da publicidade dos atos judiciais encontra-se consagrado no art. 792, que no seu parágrafo primeiro prevê a possibilidade do juiz, de ofício, ou a requerimento da parte ou do Ministério Público decretar que "o ato seja realizado a portas fechadas", quando da publicidade da audiência, da sessão ou do ato processual "puder resultar escândalo, inconveniente grave ou perigo de perturbação da ordem".

Ensina Julio Fabbrini Mirabete que a publicidade dos atos processuais "trata-se de garantia para obstar arbitrariedades e violências contra o acusado e benéfica para a própria Justiça, que, em público, estará mais livre de eventuais pressões, realizando seus fins com mais transparência".

Notamos que a regra no processo penal – em consonância com a Constituição – é a da publicidade dos atos processuais, contudo o CPP prevê as possibilidades de limitação da publicidade dos atos processuais. Ocorre que quando há limitações à publicidade – adoção da publicidade restrita – permanece o direito das partes, de seus procuradores e do Ministério Público de conhecer os atos processuais praticados. Neste sentido esclarece Guilherme de Souza Nucci:

"Nota-se, pois, que a publicidade geral – acompanhamento das audiências, sessões e atos processuais por qualquer do povo – pode ser limitada, caso haja interesse público – nele compreendidos a intimidade e o interesse social, o mesmo não ocorrendo com a denominada publicidade específica – acompanhamento das audiências, sessões e atos processuais pelo Ministério Público ou pelos advogados das partes. Assim, é plenamente legítimo o disposto no art. 792, § 1º, do Código de Processo Penal". Dessa forma, quando houver o início da ação penal, com o recebimento da denúncia, o Juiz poderá – de ofício ou a requerimento das partes – determinar que o processo tramite em segredo de justiça, quando perceber pela prova produzida no inquérito policial que os fatos em apuração poderão trazer sério gravame à intimidade das pessoas que estiverem de algum modo (direta ou indiretamente) envolvidas nos fatos em discussão, ou quando houver interesse social na manutenção em segredo desses fatos. Importante ressaltar, como dissemos, que o segredo de justiça não atingirá o Ministério Público, as partes e seus procuradores.

Diz, sobre o assunto, o Tribunal de Justiça do Estado de São Paulo: "A determinação da tramitação do processo em 'segredo de justiça' não fere nenhum princípio constitucional e nem processual penal. A Constituição Federal, no inciso LX de seu art. 5º, permite a tramitação do processo em segredo de justiça e a lei processual em seu art. 792 também o permite". (HC 344.649-3/1-00, 2ª C. Crim., rel. Almeida Braga, v.u., j. 07.05.2001).

Contudo, se é certo que a publicidade dos atos processuais é essencial para o Estado Democrático de Direito, uma ação penal pode causar danos irreparáveis à imagem do acusado, destarte, acreditamos que no processo penal a possibilidade de decretação do segredo de justiça é mais provável – e se mostrará essencial em mais casos – que em outros ramos do direito processual.

7. O princípio da publicidade dos atos processuais e o processo do trabalho. Na CLT o princípio está previsto no art. 770 que assegura a publicidade dos atos processuais, salvo quando o interesse social exigir o contrário. Assim, a regra adotada pelo processo do trabalho é a da publicidade dos atos processuais. Contudo, da mesma forma que nos demais ramos do direito processual – de acordo com a própria Constituição Federal de 1988, arts. 5º, inc. LX e 93, inc. IX – o princípio da publicidade dos atos processuais não é absoluto no processo trabalhista. Assim, a publicidade dos atos processuais poderá ser limitada quando o interesse social o exigir (art. 770, CLT), bem como quando o respeito à intimidade das partes demonstre a necessidade de decretação do segredo de justiça. Sergio Pinto Martins traz como exemplo o caso do doente de Aids que reclama na Justiça do Trabalho, a publicidade dos atos processuais praticados neste tipo de ação exporia de forma prejudicial à intimidade do trabalhador.

Notamos que também no processo do trabalho a regra é a da publicidade dos atos processuais, como bem assevera Valentin Carrion "a Justiça deve evitar o segredo, pois a publicidade inspira superior confiança nela".

8. O princípio da publicidade dos atos processuais e o processo coletivo. É no direito processual coletivo que encontramos os princípios, as normas e os institutos que disciplinam o procedimento nas ações coletivas. Estas, no nosso entendimento, são as ações que se destinam a tutelar direito coletivo *lato sensu*. O conceito de direito coletivo foi inserido no nosso ordenamento jurídico pelo Código de Defesa do Consumidor (CDC), que em seu artigo 81 parágrafo único estabeleceu três espécies de direito coletivo *lato sensu*, quais sejam: direitos difusos, coletivos stricto sensu e interesses individuais homogêneos. De acordo com o parágrafo único e seus incisos, art. 81, do Código de Defesa do Consumidor os direitos coletivos lato sensu são de três espécies: direitos difusos, coletivos stricto sensu e individuais homogêneos. Os interesses difusos são "os transindividuais de natureza indivisível, de que sejam titulares pessoas indeterminadas e ligadas por circunstâncias de fato"(inc. I); os interesses coletivos em sentido estrito são "os transindividuais, de natureza indivisível, de que seja titular grupo, categoria ou classe de pessoas ligadas entre si ou com a parte contrária por uma relação jurídica base" (inc. II); e os interesses individuais homogêneos são "os decorrentes de origem comum" (inc. III). Diante do reconhecimento desses novos interesses, que não são nem privados, nem públicos, são na verdade de um grande número de pessoas, ora determináveis (coletivos

stricto sensu/interesses individuais homogêneos), ora não (difusos) se fez necessário o surgimento de um novo direito processual com princípios próprios capazes de disciplinar eficazmente os mecanismos processuais necessários para a solução de uma lide coletiva.

Percebemos que a divisão do direito processual em dois grandes ramos, quais sejam: direito processual civil e direito processual penal, já não se coaduna com a realidade do nosso ordenamento jurídico. Necessário se faz o reconhecimento de uma terceira espécie de direito processual, o direito processual coletivo.

Sobre as partes no processo coletivo doutrina Mauro Cappelletti:

" 'Justa parte' não é mais somente o titular do direito ou interesse legítimo feito valer em juízo, ou o sujeito direto pessoalmente prejudicado mas, ainda, o sujeito privado – indivíduo ou grupo espontâneo – que age para o bem coletivo (...). O sujeito privado, indivíduo de grupo, é quem de fato é impedido a agir não só por seu interesse egoístico, como, também, por um interesse comunitário, é, seja como for a sua ação é destinada a ter um significado que transcende as partes em juízo, e se expande, potencialmente, a todos os membros de uma ou mais determinada coletividade". Gregório Assagra de Almeida traz de forma elucidativa o conceito, o método e o objeto desse novo direito processual. Para o autor o direito processual coletivo possui natureza de direito processual constitucional-social, devendo servir para mobilizar e transformar a realidade social, sendo um ramo do direito processual formado por um conjunto de normas e princípios que visam disciplinar a ação coletiva, o processo coletivo, a jurisdição coletiva e a defesa no campo do direito processual coletivo. Afirmando que o mesmo serve para tutelar no plano abstrato, a congruência do ordenamento jurídico em relação à Constituição Federal, e no plano concreto, pretensões coletivas lato sensu, surgidas dos conflitos coletivos ocorridos no dia-a-dia da conflituosidade social.

Nas palavras do autor o objeto desse novo ramo do direito processual "é a disciplina das regras e princípios que visam tutelar, via jurisdicional, os direitos ou interesses coletivos" e o método " é a conjugação dos elementos técnico, jurídico, sistemático-teleológico, político, econômico, histórico, ético, e social, com a busca do resultado justiça, que seria o seu megaelemento".

O princípio da publicidade dos atos processuais neste novo direito processual se mostra extremamente necessário, estando a eficácia das ações coletivas intimamente ligada ao respeito ao princípio da publicidade. No processo coletivo onde o resultado da ação alcançará não apenas os integrantes do processo, mas toda uma coletividade é preciso que se dê amplo conhecimento do mesmo.

Tendo em vista o alcance das decisões proferidas nas ações coletivas, que possuem um regime da coisa julgada diferenciado do processo civil ortodoxo a importância do princípio da publicidade se destaca. Ocorre que no processo coletivo as decisões proferidas ou terão alcance erga omnes ou ultra partes, assim, uma vez que as decisões proferidas no processo coletivo poderão atingir aqueles que não fizeram parte do processo é preciso, como mencionado, que lhes sejam assegurados o amplo e o mais irrestrito respeito ao princípio da publicidade.

Ademais, de acordo com o art. 104 do CDC os efeitos da coisa julgada erga omnes ou ultra partes nas ações coletivas em defesa de interesses coletivos stricto sensu ou individuais homogêneos "só beneficiarão os autores das ações individuais, se não for requerida sua suspensão no prazo de 30 (trinta) dias, a contar da ciência nos autos do ajuizamento da ação coletiva" (art. 104, CDC). O que demonstra a necessidade de amplo respeito ao princípio da publicidade dos atos processuais, para que os indivíduos possam optar pela suspensão ou não do processo individual.

Dessa forma, notamos que para que seja assegurada a efetividade das ações coletivas é de suma importância o respeito ao princípio da publicidade dos atos processuais, devendo ser dado amplo conhecimento de todos os atos praticados no processo coletivo e não apenas das decisões, uma vez que a decisão proferida em sede de ação coletiva poderá atingir aqueles que não foram partes no processo.

9. O princípio da publicidade dos atos processuais e o processo administrativo. A Lei n. 9.784/99 que regula o processo administrativo, estabelece, no parágrafo único do artigo 2º, a exigência de "divulgação oficial dos atos administrativos, ressalvadas as hipóteses de sigilo previstas na Constituição" (inciso V) e a "garantia dos direitos à comunicação, à apresentação de alegações finais, à produção de provas e à interposição de recursos, nos processos de que possam resultar sanções e nas situações de litígio". Além disso, o artigo 3º, inciso II, incluí entre os direitos do administrado, o de "ter ciência da tramitação dos processos administrativos em que tenha a condição de interessado, ter vista dos autos, obter cópias de documentos neles contidos e conhecer as decisões proferidas".

Em conformidade com os dispositivos legais acima Maria Sylvia Zanella di Pietro afirma que o princípio da publicidade – consagrado no art. 37, *caput*, da Constituição Federal de 1988 – se aplica ao processo administrativo, uma vez que é pública a atividade da Administração "os processos que ela desenvolve devem estar abertos ao acesso dos interessados".

Sobre o princípio da publicidade doutrina Hely Lopes Meirelles:

"A publicidade, como princípio de administração pública (CF, art. 37, *caput*), abrange toda atuação estatal, não só sob o aspecto de divulgação oficial de seus atos como, também, de propiciação de conhecimento da conduta interna de seus agentes. Essa publicidade atinge, assim, os atos concluídos e em formação, os processos em andamento, os pareceres dos órgãos técnicos e jurídicos, os despachos intermediários e finais, a as atas de julgamentos das licitações e os contratos com quaisquer interessados, bem como os documentos de despesas e as prestações de contas submetidas aos órgãos competentes" (grifo nosso).

A nosso ver num Estado Democrático de Direito outro não poderia ser o entendimento senão o da aplicação do princípio da publicidade dos atos processuais ao processo administrativo. Não há mais que se falar numa Administração que exerce suas atividades sem a fiscalização do povo; nesse modelo de Estado "o processo administrativo é um meio de superação da atuação estatal autoritária e consequência inafastável da democracia".

Importante destacar que já há na doutrina o entendimento de que o princípio da publicidade está cedendo espaço para o princípio da transparência este traria "uma idéia mais larga e mais exigente que a de publicidade".

Entendemos que apesar de as idéias de publicidade e transparência não se confundirem elas estão intimamente ligadas, não é possível alcançar a transparência sem que seja dada publicidade ao ato processual, e também não será dado o verdadeiro alcance do princípio da publicidade se o ato tornado público não for suficientemente claro e transparente. Assim, os princípios da publicidade e da transparência estão intimamente ligados, e um necessita do outro.

Destarte, notamos que o princípio da publicidade dos atos processuais – em consonância com o ordenamento jurídico pátrio – é aplicado no processo administrativo com o mesmo alcance que nos demais ramos do direito processual.

10. Algumas questões práticas

Questão já abordada acima é a do conflito entre o princípio da publicidade e direito a intimidade, a vida privada, a honra e a imagem das partes processuais. Cabe frisar, como já abordado neste trabalho, que com o advento da EC 45 a publicidade passou a ter maior prestígio, uma vez que só é possível decretar o segredo de justiça se este não for prejudicar o interesse público à informação.

Bem assevera Canotilho:

"Aqui basta reter esta idéia básica: através do recurso a princípios como os da proibição do excesso, da proporcionalidade, da adequação, da razoabilidade, da necessidade, pretendeu-se colocar os poderes públicos – desde o clássico poder agressor, identificado com o executivo e a administração, até aos poderes legislativo e judiciário – num plano mais humano e menos sobranceiro em relação aos cidadãos. Visava-se sobretudo acentuar as dimensões das garantias individuais e da protecção dos direitos adquiridos contra medidas excessivamente agressivas, restritivas ou coactivas dos poderes públicos na esfera jurídico-pessoal e jurídico-patrimonial dos indivíduos (...) Recorrendo à ideia de razoabilidade, adequação, proporcionalidade e necessidade, os tribunais – e agora também o Tribunal de Justiça das Comunidades – podem fiscalizar o uso dos poderes e a justiça das medidas adoptadas por estes poderes, contribuindo para um Estado de direito mais amigo de justiça e dos direitos fundamentais". Assim, diante do caso concreto deverá o juiz respeitando o disposto na Constituição e os princípios da proporcionalidade e da razoabilidade, pilares de todo e qualquer Estado Democrático de Direito, decidir qual direito deve prevalecer, decretando ou não o segredo de justiça. Contudo, lembramos mais uma vez que com a EC 45 o princípio da publicidade dos atos processuais passou a gozar de maior prestígio no nosso ordenamento jurídico.

Caso notório é o da Escola de Base ocorrido na cidade de São Paulo, onde houve instauração de inquérito policial para investigar a suposta prática de abuso sexual pelos donos da escola. Ocorre que foi dada ampla publicidade ao inquérito. A imprensa e toda a sociedade civil acabaram por considerar os donos da escola como "culpados" antes mesmo de qualquer condenação por parte do Poder Judiciário. A intimidade, a vida privada e a honra dos donos da Escola de Base foram completamente devastadas, e ao final não restou provada a acusação. Em ação proposta pelas vítimas, da qual houve recurso para o STJ, restou configurada a responsabilidade do Estado – com direito de regresso em face do Delegado de Polícia – pela exposição dos autores. Houve o reconhecimento de dano moral pela 2ª Turma do STJ, arbitrado em R$ 250.000,00 (duzentos e cinquenta mil reais para cada vítima) de acordo com o voto do relator para o acórdão Ministro Franciulli Neto. (REsp. 351779/SP, 2ª Turma, Rel. Ministra Eliana Calmon, j. 19.11.2002, DJ 09.02.2004, p. 151).

Trouxemos este caso concreto para análise para demonstrarmos que em alguns casos, para que seja assegurado o Estado de Direito, é preciso que se limite o princípio da publicidade. Neste caso específico foi dada publicidade desde o inquérito, mas poderia ter ocorrido a publicidade apenas dos atos processuais, o que provavelmente não diminuiria os danos sofridos pelas vítimas da acusação.

É preciso que no caso concreto, onde houver conflito de princípios constitucionais, se recorra à proporcionalidade para se decidir qual deve prevalecer, em conformidade com o Estado Democrático de Direito. Para Karl Larenz a aplicação do princípio da proporcionalidade trata-se senão da idéia da "justa medida", do "equilíbrio", que está "indissociavelmente ligada à idéia de justiça".

Outra questão que se impõe ao estudarmos o princípio da publicidade dos atos processuais é a da limitação estabelecida por alguns cartórios de que apenas estagiários inscritos na OAB podem ter acesso aos autos. Haveria neste caso violação ao princípio da publicidade?

Os advogados possuem as prerrogativas de: examinar, em qualquer órgão do Poder Judiciário, autos de processos findos ou em andamento, mesmo sem procuração, quando não estejam sujeitos a sigilo, assegurada a obtenção de cópias e podendo tomar apontamentos; e retirar autos de processos findos, mesmo sem procuração, pelo prazo de dez dias (art. 7º, XIII e XVI, da Lei n. 8.906/94).

Notamos que se o processo estiver submetido ao regime de sigilo o advogado não tem o direito de consultá-los. O mesmo ocorre em relação aos estagiários, estejam eles inscritos ou não na OAB. Tratando-se de processo submetido a segredo de justiça apenas o advogado com procuração poderá ter acesso aos autos. Contudo, o problema se impõe nos casos em que o processo não esteja sujeito ao segredo de justiça. Parece-nos que nesses casos nem o advogado, nem o estagiário, nem qualquer do povo podem ter o seu direito à informação limitado. Assim, é inconstitucional a restrição de acesso aos autos feita a estagiário que não possua inscrição na OAB.

Cabe frisar que quanto à possibilidade de retirada dos autos do cartório, a hipótese é diversa, uma vez que o inciso I do § 1º do art. 29 do Regulamento Geral do Estatuto da Advocacia e da OAB assegura o direito de o estagiário com inscrição na OAB isoladamente – mas sob a responsabilidade do advogado ao qual estiver vinculado –, retirar e devolver os autos em cartório. Daí a legítima exigência, feita por escrivães e chefes de secretaria, de que, para retirar autos de processos em andamento, o estagiário possua procuração, já que, sem ela, nem o advogado poderia retirá-los. A nosso ver não constitui violação ao princípio da publicidade dos atos processuais a limitação do direito de retirada dos autos do cartório aos estagiários com inscrição na OAB. Mas, ao contrário, a limitação de vista dos autos ao estagiário que não possua inscrição na OAB, bem como a qualquer do povo – quando o processo não se encontre sob segredo de justiça – é totalmente inconstitucional. Importante destacar o problema que se impõe quando da prática de veicular dados na internet através dos sítios dos tribunais. É possível essa veiculação? É ela irrestrita? E nos casos de segredo de justiça? Em 08 e 09 de julho de 2003 foi realizado em Herédia/ Costa Rica o seminário "Internet y Sistema Judicial en América Latina y el Caribe" realizado pelo Insituto de Investigación para la Justicia Argentina, International Research Centre do Canadá e Corte Suprema da Costa Rica, onde foi discutida esta questão. Foram fixadas orientações chamadas de "Regras de Herédia" que visam direcionar as legislações e jurisprudências pertinentes ao assunto. As orientações das "Regras de Herédia" fixam as finalidades da publicidade dos atos na internet , quais sejam: o conhecimento da informação jurisprudencial; garantia da igualdade diante da lei a todos; assegurar o imediato acesso das partes, ou dos que tenham interesse legítimo na causa, a seus andamentos, citações ou notificações; procurar alcançar a transparência da administração da justiça; lembrando que sempre deve ser preservado o direito à intimidade ao lado dessas finalidades. Ademais, as regras fixam que os órgãos judiciais precisam adotar sistemas que alcancem as finalidades da publicidade desses atos na internet e que resguardem à intimidade. Assim, os programas devem permitir o acesso à informação do conteúdo do ato judicial, sem revelar os nomes das partes ao público em geral, sempre que necessário. Sugere a adoção de um sistema de pesquisa que permita apenas aos advogados a pesquise livre por nome das partes.

Acreditamos que as orientações adotadas por estas regras representam de forma adequada a boa utilização da internet por órgãos do Poder Judiciário. A veiculação de decisões e despachos em sítios facilita e agiliza o andamento do processo, contribuindo para economia processual.

Contudo, não podemos esquecer do direito à intimidade das partes. Urge lembrar que devemos observar além dos princípios da publicidade dos atos processuais, da celeridade e da economia processual, o direito das partes à preservação da sua intimidade.

Exemplo do dia a dia são os processos trabalhistas, onde a publicidade dos atos processuais muitas vezes tem prejudicado o trabalhador na busca de um novo emprego, pois muitos empregadores se utilizam dos bancos de dados dos sítios dos tribunais como forma de averiguar se aquele trabalhador está mais apto ou não a propositura de uma ação trabalhista.

Ocorre que o direito de acesso à Justiça é constitucionalmente consagrado (art. 5º, XXXV) e não deve servir de mecanismo para empregadores na escolha de seus empregados, por isso muitas vezes a veiculação dos dados dos trabalhadores nos sítios dos tribunais deve ser restringida.

Assim, nos processos que tramitam em segredo de justiça não é possível que se veicule de forma irrestrita nos sítios dos tribunais os dados das partes, sob pena de restar configurada a responsabilidade do Estado.

Por fim destacamos aqueles processos que despertam muito interesse na sociedade, onde um grande número de interessados deseja tomar conhecimento do processo, por exemplo, assistindo as audiências. O art. 444 do CPC estabelece que as audiências serão públicas, podendo presenciá-los todos que desejarem, mesmo aqueles que não sejam interessados direta ou indiretamente no feito.

Ocorre que muitas vezes os juízes têm limitado o número de pessoas que poderão presenciar as audiências nestes casos de grande repercussão. Esta limitação fere o princípio da publicidade dos atos processuais?

A lei não trata expressamente dessas questões. Cabe, pois, ao juiz orientado pelo princípio da publicidade e pela finalidade do ato, disciplinar caso a caso. Se, por exemplo, o número de interessados em acompanhar a audiência for maior do que a capacidade do recinto, pode o juiz limitar o ingresso à sala a determinada quantidade de pessoas. Recomenda-se, na hipótese, que o magistrado atente para as condições de segurança de que dispõe e adote critério objetivo, transparente e equilibrado para a definição das pessoas que terão acesso as dependências onde se realiza a audiência. Cabe frisar que é preciso preservar o interesse público, que se encontra não apenas no direito à informação, mas também na ordem pública e na concretização do ato com a execução da sua finalidade. Ademais, defendemos que o dever de ser assegurado o acesso posterior aos autos a todos de todos os atos praticados no processo e que precisaram ter o número de presentes limitado.

11. Conclusão

O princípio da publicidade dos atos processuais é importante mecanismo de fiscalização da atividade estatal assegurando a existência da democracia e o exercício da cidadania. Ademais, é através da publicidade de seus atos que o Estado adquire maior credibilidade nas suas decisões e no exercício dos Poderes Executivo, Legislativo e Judiciário.

Assim, que o princípio da publicidade dos atos processuais deve ser observado em todas as espécies de processo e não apenas no processo judicial. Contudo, verificamos que esse princípio não é absoluto e há casos em que o interesse público, a intimidade das partes e a ordem pública exigem a decretação do segredo de justiça.

Percebemos que a amplitude do princípio da publicidade dos atos processuais é assegurada de forma semelhante em todos os ramos do processo: civil, penal, do trabalho, coletivo e administrativo.

Ocorre que há casos em que a própria efetividade do processo encontra-se intrinsecamente ligada ao princípio da publicidade dos atos processuais como no processo coletivo. Em outras hipóteses nos parece que haverá maior necessidade de decretação do segredo de justiça para que sejam assegurados os direitos dos indivíduos, é o que ocorre no processo do trabalho e no processo penal.

Demonstrada a natureza do processo – de instrumento de exercício da cidadania e realização da democracia – restou clara a importância do princípio da publicidade no nosso ordenamento jurídico e na existência de todo Estado Democrático de Direito.

Termos processuais

É a redução escrita dos atos processuais praticados nos autos do processo.

Assunto inserido na Consolidação das Leis do Trabalho, nos artigos 771 a 773.

Os atos e termos, serão datilografados ou escritos com tinta escura e indelegável, assinando-os as pessoas que intervieram, salvo quando estas não puderem ou não quiserem firmá-los, neste caso o escrivão certificará a ocorrência nos autos.

Por sua vez o artigo 772 da CLT, quando as partes não puderem assinar os atos e termos processuais, por motivo justificado será feito na presença de duas testemunhas, salvo se houver procurador constituído.

Sérgio Pinto Martins ensina: "Na verdade, a assinatura do juiz torna o termo processual válido, sendo dispensável a assinatura das partes. Ainda que elas não queiram assinar o ato será considerado válido, desde que assinado por duas pessoas" (Comentários à Consolidação das Leis do Trabalho, 10. ed. , editora Atlas).

Forma dos Termos

a) Idioma – sempre na língua nacional, se estiver em outro idioma, deverá ser traduzido, obrigatoriamente por tradutor oficial.

b) Modelos – não têm um modelo, somente uma forma unificada, por exemplo, petições, guias, mandatos etc.

c) Forma de registro – poderão ser escritos, datilografados, ou a carimbo.

Carlos Henrique Bezerra Leite salienta em seu livro, Curso de Direito Processual do Trabalho, 5. ed. , editora LTr, sobre a intenção do legislador, quando detalhou o assunto: "A intenção do legislador é que os registros sejam feitos de forma indelegável, insuscetíveis de rasuras que não sejam evidentes."

3

PARTES E PROCURADORES

Conceito

São pessoas físicas ou jurídicas que diante de um conflito de interesses, são envolvidas numa relação contenciosa, em que cada uma das partes buscam por meio da função jurisdicional pelo Estado, a solução de seus interesses.

Na lição de Moacyr Amaral Santos, citado por Carlos Henrique Bezerra Leite:

> "Partes, no sentido processual, são as pessoas que pedem ou em relação às quais se pede a tutela jurisdicional. Podem ser, e geralmente o são, sujeitos da relação jurídica substancial deduzida, mas esta circunstância não as caracteriza, porquanto nem sempre são sujeitos dessa relação. São, de um lado, as pessoas que pedem a tutela jurisdicional, isto é, formulam uma pretensão e pedem ao órgão jurisdicional a atuação da lei à espécie. Temos aí a figura do autor. É este que pede, por si ou por seu representante legal, a tutela jurisdicional. Pede-a ele próprio, se capaz para agir em juízo,... De outro lado, são partes as pessoas contra as quais, ou em relação às quais, se pede a tutela jurisdicional: sentença condenatória, providência executiva, ou providências cautelares..."

Para Carlos Henrique Bezerra Leite, Curso de Direito Processual do Trabalho, p. 394, o Ministério Público, quer atuando como órgão agente, ou seja, como parte no processo, quer funcionando como órgão interveniente (*custos legis*), ele será sempre sujeito imparcial do processo, por tratar-se de um órgão institucional estatal que atua desinteressadamente em defesa do interesse público nos termos do artigo 127 da CF.

Amauri Mascaro Nascimento, em Curso de Direito Processual do Trabalho, p. 365 estabelece que o processo trabalhista, além do órgão jurisdicional perante o qual tramita, precisa, para constituir-se, da existência de partes. No processo contencioso sempre figura uma pessoa, física ou jurídica, e excepcionalmente mesmo um ente não dotado de personalidade jurídica, como a massa falida etc., em face de quem outro pretende algo. Surgem duas posições, nas quais se situam um demandante e um demandado, aos quais é atribuída a denominação de *partes do processo*.

Renato Saraiva, Curso de Direito Processual do Trabalho, p. 214, destaca que o conceito clássico de partes revela-se insuficiente, uma vez que o processo não envolve tão-somente o autor, réu e juiz, englobando, por vezes, outras pessoas (terceiros) que podem ingressar no processo em momento posterior à sua formação, seja para apoiar uma das partes principais ou para defender interesses próprios.

Ademais, como observado pelo mesmo doutrinador, Renato Saraiva, existem sujeitos do conflito e sujeitos do processo, que nem sempre coincidem entre si, numa relação processual. Citando o exemplo do doutrinador, em outras palavras, imaginemos que em determinada empresa um empregado sofre assédio moral ou sexual de seu supervisor hierárquico. Todavia, em eventual reclamação trabalhista pleiteando a reparação pelos danos morais sofridos, o empregado ingressa diretamente contra seu empregador, em função de sua responsabilidade objetiva. Tem-se, portanto, como sujeitos do processo o empregado e o empregador (empresa) e como sujeitos do conflito o empregado e seu superior hierárquico.

Porém, Alexandre Freitas Câmara, Lições de direito processual civil, p. 150-151, citado por Renato Saraiva, traz uma explicação para a insuficiência encontrada no conceito de partes:

> "É tradicional o conceito de partes como sendo 'aquele que pleiteia e aquele em face de quem se pleiteia a tutela jurisdicional'. Por esta definição seriam partes, tão-somente, o autor (ou demandante), isto é, aquele que, ajuizando uma demanda, provoca o exercício, pelo Estado, da função jurisdicional, pleiteando a tutela jurisdicional e, de outro lado, o réu (ou demandado), aquele em face de quem a tutela jurisdicional é pleiteada.
>
> Tal conceito, embora correto, não é adequado a explicar todos os fenômenos de relevância teórica a respeito das partes. Tal insuficiência, porém, facilmente se explica. É que o conceito aqui apresentado corresponde ao de 'partes da demanda'. Este conceito não se confunde com outro, mais amplo, que é o de partes do processo. Assim é que devem ser consideradas 1partes do processo' todas aquelas pessoas que participam do procedimento em contraditório. Em outras palavras, ao lado do autor e do réu, que são partes da demanda e também do processo, outras pessoas podem ingressar na relação processual, alterando o esquema mínimo daquela relação a que já se fez referência, e que corresponde à

configuração tríplice do processo. Assim, por exemplo, na assistência (...), ou na intervenção do Ministério Público como custos legis (...), ingressam no processo sujeitos diversos daqueles que denominamos 'partes da demanda'. Esses novos sujeitos, embora não apareçam na demanda, são 'partes do processo".

Denominação

Em razão da origem histórica de órgão administrativo vinculado ao Poder Executivo, na nomenclatura trabalhista, as partes envolvidas na demanda são denominadas de reclamante (autor), aquele que ingressa com a ação e, reclamado (réu) aquele contra quem a ação é interposta.

Antes de 1941 não se falava em ação, mas em reclamação administrativa, pois, a Justiça do Trabalho apesar de já dirimir conflitos oriundos das relações entre empregadores e empregados, continuava sendo considerada um órgão administrativo, não fazendo parte do Poder Judiciário, donde teríamos a denominação, reclamante e reclamado. Contudo, apesar de a CLT empregar em seu artigo 651 a expressão, reclamante e reclamado, para Sérgio Pinto Martins, em Direito Processual do Trabalho, p. 190, os termos mais corretos seriam *ação, autor e réu*, de acordo com a teoria geral do processo. Da mesma forma entendem diversos doutrinadores, tais como Wagner D. Giglio, em Direito Processual do Trabalho, p.103, Amauri Mascaro Nascimento, em Curso de Direito Processual do Trabalho, p. 368 entre outros.

Todavia, é importante ressaltar que no processo do trabalho, para casos específicos, existem denominações próprias a seguir demonstradas:

TIPO	RECLAMANTE (AUTOR)	RECLAMADO (RÉU)
Dissídio Coletivo	Suscitante	Suscitado
Mandado de Segurança e *Habeas Corpus*	Impetrante	Impetrado
Inquérito para apuração de falta grave	Requerente	Requerido
Recursos	Recorrente	Recorrido
Execução	Exequente (credor)	Executado (devedor)
Liquidação de Sentença	Liquidante	Liquidado
Exceção	Excipiente	Exceto (ou excepto)
Reconvenção	Reconvinte	Reconvindo
Agravo de petição ou de Instrumento	Agravante	Agravado

Capacidade

É a aptidão que a pessoa tem de exercer sozinha, seus direitos e assumir obrigações perante as relações jurídicas.

De acordo com Washington de Barros Monteiro, capacidade é a aptidão para ser sujeito de direitos e obrigações e exercer por si ou por outrem os atos da vida civil. A capacidade é um elemento da personalidade pela qual se exprime poderes e faculdades.

Para Sérgio Pinto Martins, a capacidade em direito é a aptidão denominada pela ordem jurídica para o gozo e exercício de um direito por seu titular. Todo sujeito de direito pode gozar e fruir as vantagens decorrentes dessa condição, mas nem sempre está habilitado a exercer esse direito em toda a sua extensão.

Entretanto, há de se distinguir os institutos da capacidade de ser parte e a capacidade de se postular num processo.

Capacidade de ser parte

Capacidade de ser parte ou capacidade de direito ou de gozo, é aquela própria de todo ser humano, inerente à sua personalidade e que só se perde com a morte, ou seja, é a capacidade para adquirir direitos e contrair obrigações de acordo com o dispositivo do artigo 1º do Código Civil: "Toda pessoa é capaz de direitos e deveres na ordem civil"

Assim, é a possibilidade de a pessoa física ou jurídica ocupar um dos polos do processo, como autor ou réu. Porém, no que tange à pessoa natural ou física, exige-se a "personalidade civil" nos termos do artigo 2º do Código Civil, que inicia-se com o nascimento da pessoa com vida, muito embora a lei ponha a salvo, desde a concepção, os direitos do nascituro.

A "personalidade civil" da pessoa jurídica inicia-se com a inscrição dos atos constitutivos no respectivo registro conforme artigo 45 do Código Civil.

Conforme dito anteriormente, os entes desprovidos de personalidade jurídica, tal qual a massa falida, o condomínio, o espólio, as sociedades etc., também lhes são conferidos a capacidade para ser parte.

A respeito do tema, destacamos o entendimento de Carlos Henrique Bezerra Leite, Curso de direito processual do trabalho, p. 399/400, que dispõe:

"Sabemos que toda pessoa humana, também chamada de pessoa natural ou pessoa física, é capaz de adquirir direitos e contrair obrigações. Trata-se de personalidade civil, que se inicia com o nascimento com vida, muito embora a lei já garanta ao nascituro, desde a concepção, os direitos fundamentais. Assim, todo ser humano tem capacidade de ser parte, independentemente de sua idade ou condição psíquica ou mental, seja para propor ação, seja para defender-se. É, pois, um direito universal conferido a toda pessoa humana.

Além das pessoas naturais, os ordenamentos jurídicos reconhecem às pessoas jurídicas a capacidade de ser parte, uma vez que também podem ser titulares de direitos e obrigações. As pessoas jurídicas que não se confundem com as pessoas naturais, são abstrações criadas pelo gênio humano com vistas à facilitação da circulação de riqueza e dos negócios, principalmente o comércio. Por serem entes abstratos, a lei dispõe que necessitam ser representadas judicial e extrajudicialmente por determinada pessoa natural, como veremos mais adiante quando tratarmos do instituto da representação.

Existem, ainda, outros entes abstratos aos quais a lei não confere a condição de pessoa jurídica, mas que têm capacidade de ser parte, tal como ocorre com a massa falida, o espólio etc.".

Capacidade Processual

Quanto à capacidade de fato, processual ou de exercício, é aquela outorgada pelo artigo 7º do Código de Processo Civil, isto é, capacidade de exercitar por si os atos da vida civil e de administrar os seus bens, ou seja, de estar em juízo.

Não basta ter capacidade de direito, impõe-se verificar se a pessoa também tem capacidade de fato para praticar os atos processuais pessoalmente sem ajuda de qualquer espécie, ou seja, se não lhe falta a plenitude da consciência e da vontade. Se presentes as duas espécies de capacidade a pessoa terá capacidade plena se ausente alguma delas, terá capacidade limitada, é o que ocorre, por exemplo, no caso dos absolutamente incapazes, cuja definição legal está no artigo 3º e 4º do Código Civil e artigo 8º do Código de Processo Civil, *in verbis*:

"Art. 3º São absolutamente incapazes de exercer pessoalmente os atos da vida civil:

Os menores de dezesseis anos;

Os que, por enfermidade ou deficiência mental, não tiverem o necessário discernimentos para a prática desses atos;

Os que, mesmo por causa transitória, não puderem exprimir sua vontade".

"Art. 4º São incapazes, relativamente a certos atos ou à maneira de os exercer:

Os maiores de dezesseis e menores de dezoito anos;

Os ébrios habituais, os viciados em tóxicos, e os que por deficiência mental, tenham o discernimento reduzido;

Os excepcionais, sem desenvolvimento mental completo;

Os pródigos".

"Art. 8º Os incapazes são representados ou assistidos por seus pais, tutores ou curadores, na forma da lei civil".

No direito do trabalho, o menor de 16 anos não pode trabalhar, salvo na condição de aprendiz, a partir dos 14 anos, havendo assim incapacidade plena como determina a lei. Dos 16 aos 18 anos, a pessoa é relativamente incapaz, podendo firmar recibos de pagamento, porém não pode assinar o termo de rescisão contratual, quando haverá necessidade de assistência de seu representante legal, conforme artigo 439 da CLT. Por fim, a capacidade civil plena dos empregados dá-se aos 18 anos, idade em que poderá demandar e ser demandado na Justiça do Trabalho, sem assistência ou representação de seus pais, tutores, ou em caso de mulher casada, seus maridos.

No âmbito do processo civil, a capacidade postulatória é privativa aos advogados devidamente habilitados e inscritos na Ordem dos Advogados do Brasil, não podendo, as partes, atuarem em benefício próprio, ao contrário do âmbito do processo do trabalho, em que nas demandas envolvendo relação de emprego, além do advogado, às partes, são conferidos o denominado *jus postulandi*, que é o direito de postular em causa própria.

De acordo com o artigo 793 da CLT, as reclamações trabalhistas dos menores de 18 anos serão feitas por seus representantes legais, e, <u>na falta destes</u>, pela Procuradoria Regional do Trabalho, pelo sindicato profissional, pelo Ministério Público Estadual ou curador nomeado em juízo.

Neste sentido são os precedentes do Colendo Tribunal Superior do Trabalho é o que dispõe a jurisprudência a seguir:

RECURSO DE EMBARGOS. MINISTÉRIO PÚBLICO. MENOR ASSISTIDO POR REPRESENTANTE LEGAL. AUSÊNCIA DE PREJUÍZO. DESNECESSIDADE DE INTERVENÇÃO DO PARQUET. A representação da menor por sua mãe, que é sua representante legal, supre o interesse do Ministério Público para, na qualidade de parte, atuar no processo em defesa de interesse de menor. Sua intervenção, nesse caso, fica limitada à condição de custos legis. Desse modo, a falta de intervenção do Ministério Público, no primeiro grau de jurisdição, quando o interesse de menor que visa a proteger já se encontra resguardado e assistido pela representante legal, não incorre em nulidade, porque ausente o prejuízo a justificá-la. Exegese dos artigos 82, I, do CPC; 793 da CLT; e 83 da Lei Complementar n. 75/93. Embargos não conhecidos. (TST – **Processo:** E-RR – 667059/2000.9 **Data de Julgamento:** 28.04.2008,

Relator Ministro: Aloysio Corrêa da Veiga, Subseção I Especializada em Dissídios Individuais, **Data de Publicação: DJ** 09.05.2008.).

"MENOR ASSISTIDA PELA MÃE. AUSÊNCIA DE NOTIFICAÇÃO DO MINISTÉRIO PÚBLICO DO TRABALHO PARA ACOMPANHAR O FEITO NO 1º GRAU DE JURISDIÇÃO NULIDADE. INOCORRÊNCIA. A eg. Subseção II da Seção Especializada em Dissídios Individuais desta alta Corte vem se posicionando no sentido de que, segundo o art. 793 da CLT, que cuida da representação e assistência processuais trabalhistas, estando a menor representada ou assistida por um de seus representantes legais, a intervenção do Órgão Ministerial no primeiro grau de jurisdição, apesar de relevante, não constitui requisito para a essência do ato. Assim sendo, há de se rejeitar a arguição de nulidade do processado, por falta de notificação do "Parquet" para acompanhar o feito desde a sua instauração, mormente porque, em sede de Parecer exarado ordinariamente, não apontou o mesmo qualquer nulidade no desenvolvimento da instrução processual e propugnou, explícita e textualmente, pela confirmação do julgado originário que havia dado pela im procedência da Reclamação. RR conhecido, mas improvido" (RR-425.093/98, 2ª T., Rel. Juiz Convocado Márcio Ribeiro do Valle, DJ 22.06.2001)."AÇÃO RESCISÓRIA. MENOR ASSISTIDO PELO PAI. I N TERVENÇÃO DO MINISTÉRIO PÚBLICO DO TRABALHO. "MENOR. REPRESENTAÇÃO. INTERVENÇÃO DO MINISTÉRIO P Ú BLICO DO TRABALHO NO 1º GRAU DE JURISDIÇÃO. À luz do art. 793 da CLT, que rege a matéria em sede trabalhista, encontrando-se o menor representado ou assistido por seu pai, a intervenção do Ministério Público do Trabalho no primeiro grau de jurisdição, apesar de relevante, não constitui requisito para a essência do ato. Arguição de nulidade do processado, por ausência de notificação do "Parquet" para acompanhar o feito desde a sua instauração, que se rejeita, máxime quando, encaminha do o processo para sua manifestação na fase do recurso pelo Regional, não aponta qualquer nulidade no desenvolvimento de instrução e propugna pela confirmação do julgado, que deu pela improcedência da ação". Decisão rescindenda que se mantém, pois, a se permitir a intervenção do Ministério Público, estar-se-ia permitindo a própria intervenção no pátrio poder, assegurado constitucionalmente – art. 229 da Constituição c/c o art. 22 da Lei n. 8069, de 13.7.90 – Estatuto da Criança e do Adolescente. Recurso desprovido" (ROAR-537.669/99, Rel. Min. José Luciano de Castilho Pereira, DJ 05.05.2000).PRELIMINAR DE NULIDADE DO PROCESSO. AUSÊNCIA DE INTERVENÇÃO DO MINISTÉRIO PÚBLICO DO TRABALHO. RECLAMAÇÃO PROPOSTA POR MENOR DE IDADE ASSISTIDO POR SEU REPRESENTANTE LEGAL. Em nenhuma das normas de Direito do Trabalho que regem a intervenção do Ministério Público para atuar como *custus legis*, há a afirmação da existência de obrigatoriedade de sua presença no primeiro grau de jurisdição em caso de litígio versando sobre interesse de menores. Já o dispositivo que versa acerca da atuação da Procuradoria do Trabalho no primeiro grau de jurisdição sustenta a obrigatoriedade de sua intervenção tão-somente nas situações em que funcionar como curador à lide, e isso, quando houver a ausência do representante legal (art. 793 da CLT). Sublinhe--se, ainda, por oportuno, que o processo só pode ser considerado nulo quando a Lei considerar obrigatória a intervenção do Ministério Público. Destarte, se o legislador processual quisesse abranger as causas dessa natureza, o teria mencionado expressamente. Recurso não conhecido.(...) (TST – RR – 616.332/1999.0. Quarta Turma, Min. Barros Levenhagen, DJ de 16.08.02).

No mesmo sentido, entendem os Egrégios Tribunais:

"Ministério Público. Intervenção em relação a menores. Inaplicável o inciso I do artigo 82 do CPC no processo do trabalho em relação à intervenção do Ministério Público quanto a interesse de menores, pois há regra específica no artigo 793 da CLT. A Procuradoria do Trabalho só atua na falta dos representantes legais de menores. Não há omissão na CLT para se aplicar o CPC (art. 769 da CLT). (TRT 2ª Região – Acórdão 20020345377 – Juiz Relator Sérgio Pinto Martins – Publicado no DOE/SP em 04.06.2002)".

"AUSÊNCIA DE INTERVENÇÃO DO MINISTÉRIO PÚBLICO. INTERESSE DE MENOR. NULIDADE DO PROCESSO. A ausência de intimação do Ministério Público para intervir nos feitos que envolvam interesses de menor acarreta a nulidade do processo, *ex vi* do disposto nos artigos 84 e 246, ambos do CPC". (TRT 12ª Região – AP 00483-1996-018-12-85 – 9 – 3ª Turma – Juiz Gerson P. Taboada Conrado – Publicado no TRTSC/DOE em 13.10.2008).

A emancipação do menor de 18 anos confere a ele a capacidade plena de praticar todos os atos da vida civil independentemente de assistência, cujas hipóteses estão previstas no artigo 5º do Código Civil quais sejam: pela concessão dos pais, pelo casamento, pelo exercício de emprego público efetivo, pela colação de grau em curso de ensino superior ou pela existência de relação de emprego, desde que, neste último caso, o menor com 16 anos completos tenha economia própria

Para Renato Saraiva, Curso de Direito Processual do Trabalho, p.219, as normas de proteção a saúde do trabalhador, como as que proíbem o trabalho noturno, perigoso ou insalubre ao menor de 18 anos (art. 7º, inciso XXXIII, da CF/1988) ou a que impede que o menor labore em locais prejudiciais à sua formação, ao seu desenvolvimento físico, psíquico, moral e social (art. 403, parágrafo único da CLT), se estendem ao menor emancipado, por tratar-se de normas de ordem pública, de indisponibilidade absoluta que objetivam proteger a formação integral do menor, ainda incompleta, apesar da emancipação, com a qual concordamos.

Em caso de interdição posterior ao período do contrato de trabalho, aplica-se subsidiariamente à Justiça do Trabalho o artigo 1.184 do Código de Processo Civil que reza:

> "Art. 1.184. A sentença de interdição produz efeito desde logo, embora sujeita a apelação (...)"

Assim, o efeito da sentença de interdição é *ex nunc* e neste sentido, já se posicionou o Egrégio TRT da 2ª Região ao dispor:

> "INTERDIÇÃO. EFEITOS *EX NUNC*. SENTENÇA PROFERIDA APÓS O TÉRMINO DO PACTO LABORAL. A decisão de origem não comporta reparos, porquanto a sentença de interdição proferida pelo Juízo Cível não produz efeito retroativo, conforme artigo 1.184 do CPC, de forma a sustentar a tese de suspensão da execução trabalhista ou ilegitimidade de parte da agravante em face de incapacidade absoluta, pois somente a partir da sentença de interdição é que esta foi considerada incapaz para gerir sua vida e seus bens. Sendo o decreto de interdição posterior ao período do contrato de trabalho e dele não constando efeitos retroativos, merece ser confirmada a r. decisão agravada, mantendo-se a agravante como responsável pelo crédito exequendo. Agravo de Petição improvido.(TRT 2ª Região – Acórdão 20070977989 – Juíza Relatora Sonia Maria Prince Franzini – Publicado no DOE/SP em 30.11.2007)".

Jus postulandi

O artigo 791 da CLT dispõe:

"Os empregados e empregadores poderão reclamar pessoalmente perante a justiça do trabalho e acompanhar as suas reclamações até o final".

Assim, o *jus postulandi* nada mais é do que a faculdade das partes envolvidas numa relação jurídica, ingressarem em juízo, sem a intermediação de advogado, para postularem pessoalmente seus interesses.

Esta mesma faculdade está prevista no artigo 839 "a" da CLT que salienta:

"A reclamação poderá ser apresentada:

Pelos empregados e empregadores, pessoalmente, ou por seus representantes, e pelos sindicatos de classe".

Com a vigência da Constituição Federal de 1988, discutiu-se a possível revogação ou não do artigo 791 da CLT em face da nova redação dada ao artigo 133 que estabelece:

"O advogado é indispensável à administração da justiça, sendo inviolável por seus atos e manifestações no exercício da profissão, nos limites da lei".

Apesar das divergentes correntes doutrinárias, entendemos que não houve revogação do artigo 791 da CLT, eis que o próprio artigo 133 da CF condiciona "aos limites da lei", a participação do advogado no processo, que, no caso do processo do trabalho é ajustado à possibilidade das partes atuarem em juízo na busca pessoal de seus interesses.

Mesmo com o surgimento da Lei n. 8.906/94, artigo 1º (Estatuto da OAB), que declarou ser atividade privativa dos advogados a postulação a qualquer órgão do Poder Judiciário e aos Juizados Especiais, não houve revogação do *jus postulandi*, pois, conforme declara Amauri Mascaro Nascimento em Curso de Direito Processual do Trabalho 22ª edição, p. 417 "A lei geral, no caso Estatuto da OAB, não pode revogar lei especial, que é a CLT".

Entretanto, é imperioso ressaltar que o Excelso STF na ADIn 1.127-8, proposta pela Associação dos Magistrados do Brasil – AMB, suspendeu liminarmente a aplicação do artigo 1º, I, da Lei n. 8.906/94 na Justiça do Trabalho, permanecendo, portanto, o *jus postulandi* da parte conforme artigo 791 da CLT.

Corroborando o disposto acima, transcrevemos o entendimento jurisprudencial dos Egrégios Tribunais:

PETIÇÃO INICIAL. PROCESSO TRABALHISTA. INÉPCIA AFASTADA: "Considerando o informalismo que rege o processo do trabalho, que admite o *"jus postulandi"*, o exame da propedêutica não deve ser apreciado pelo rigor aplicado no processo comum. Se o sócio, presente em audiência, confirma a compra da empresa que contratou a reclamante, revelando ser sua a assinatura aposta na baixa da CTPS da trabalhadora, não há que se falar em inépcia da inicial, ainda que esta tenha silenciado sobre a sucessão de empresas". Recurso ordinário a que se dá provimento parcial. (TRT 2ª Região – Acórdão 20070637282 – 11ª Turma – Desembargadora Relatora Dora Vaz Treviño – Publicado no DOE/SP em 28.08.2007).

JUS POSTULANDI. APLICABILIDADE EM TODOS OS GRAUS DE JURISDIÇÃO. O disposto no art. 791 da CLT continua em vigor, não havendo falar que a Constituição da República promulgada em 1988, mormente por força do conteúdo do art. 133, não o tenha recepcionado, integral ou parcialmente. O fato de o advogado ter sido considerado como "indispensável à administração da justiça", por si só, não revogou a possibilidade de as partes reclamarem "pessoalmente perante a Justiça do Trabalho e acompanhar as suas reclamações até o final". (TRT 12ª Região – Acórdão AP 04151-2001-036-12-85 – 3 – 3ª Turma – Juíza Mari Eleda Migliorini – Publicado no TRTSC/DOE em 18.11.2008).

Observa-se na jurisprudência acima, que em função do *jus postulandi*, as partes poderão atuar sem a constituição de advogado em todas as instâncias trabalhistas, mesmo nos Tribunais Regionais e no Tribunal Superior do Trabalho.

Entretanto, há entendimento jurisprudencial divergente no sentido de que o acompanhamento da partes "até o final" deve ser considerado apenas na instância ordinária. Assim, em caso de eventual recurso extraordinário para o Supremo Tribunal Federal, ou mesmo recurso encaminhado ao Superior Tribunal de Justiça, a presença do advogado é imprescindível, sob pena do recurso não ser conhecido, até porque, o *jus postulandi* das partes, só pode ser exercido, junto à Justiça do Trabalho e a interposição de recurso no STF e STJ esgota a "jurisdição trabalhista", como bem assevera Carlos Henrique Bezerra Leite, Curso de Direito Processual do Trabalho, 6ª edição, p. 403, com a qual concordamos.

Neste sentido, transcrevemos o entendimento do Colendo TST, *in verbis*:

"REPRESENTAÇÃO PROCESSUAL – RECURSO ORDINÁRIO – *JUS POSTULANDI* – O artigo 791 da CLT, parte final, estabelece que tanto o empregado como o empregador, poderão acompanhar as reclamações até o fim, assim considerado a instância ordinária. O não conhecimento do Recurso Ordinário subscrito por um dos proprietários da Reclamada ofende o mencionado dispositivo legal. Recurso de Revista provido" (TST – RR 351913, 3ª Turma. Ministro Relator Carlos Alberto dos Reis de Paula, DJU 09.06.2000, p. 349).

AGRAVO DE INSTRUMENTO. RECURSO DE REVISTA. REPRESENTAÇÃO PROCESSUAL. *JUS POSTULANDI*. Trata-se de agravo de instrumento interposto contra despacho que denegou seguimento ao recurso de revista, que, também, veio subscrito pelo reclamante. O *jus postulandi* está agasalhado no art. 791 da CLT, que preceitua: "Os empregados e os empregadores poderão reclamar pessoalmente perante a Justiça do Trabalho e acompanhar as suas reclamações até o final". A expressão "até o final", portanto, deve ser interpretada levando-se em consideração a instância ordinária, já que esta é soberana para rever os fatos e as provas dos autos. O recurso de revista, por sua natureza de recurso extraordinário, exige seja interposto por advogado devidamente inscrito na OAB, a quem é reservada a atividade privativa da postulação em juízo, incluindo-se o ato de recorrer art. 1º da Lei n. 8.906/94. Agravo de instrumento não conhecido.(TST – 4ª Turma – AIRR 886/2000.401.05.00 – Publicado no DJ em 12.08.2008).

A faculdade do *jus postulandi*, também é estendida ao representante do espólio, conforme jurisprudência em destaque:

> NULIDADE – ÓBITO DO AUTOR – *JUS POSTULANDI* – RATIFICAÇÃO DOS ATOS PROCESSUAIS ATRAVÉS DE HABILITAÇÃO – AUSÊNCIA DE PREJUÍZO – REGULARIDADE DO PROCEDIMENTO – PRETENSÃO DESFUNDAMENTADA – FAZENDA PÚBLICA – ATO ATENTATÓRIO Á DIGNIDADE DA JUSTIÇA O Processo do Trabalho dispõe de norma própria, estabelecida pelo artigo 791, *caput*, da CLT, que estabelece o *jus postulandi*. Falecido o autor, a extinção do mandato configura irregularidade plenamente sanável, pois prevalece o *jus postulandi* em relação ao espólio, não havendo falar-se em suspensão obrigatória do feito. Ademais, através da habilitação, com outorga de nova procuração, restam ratificados os atos processuais. Não se tratando de irregularidade insanável, e tendo em vista a possibilidade de convalidação dos atos processuais, a declaração de nulidade depende de prova robusta da existência de nulidade, diante do princípio estabelecido pelo artigo 794, *caput*, da CLT. A Fazenda Pública, na qualidade de parte, deve observar os deveres inerentes à lealdade e boa-fé processuais, e se comparece a Juízo arguindo nulidade e apresentando pretensões divorciadas das normas legais aplicáveis à espécie, ou tecendo pretensões sem fundamento, fica sujeita às sanções legais relativas aos atos atentatórios à dignidade da Justiça. (TRT 2ª Região – Acórdão 20080287462 – 4ª Turma – Desembargador Relator Paulo Augusto Câmara – Publicado no DOE/SP em 22.04.2008).

Para Renato Saraiva, Curso de Direito Processual do Trabalho, 5ª edição p. 223, apesar da EC 45/2004 ter ampliado a competência material da Justiça do Trabalho para processar e julgar qualquer lide envolvendo relação de trabalho, o *jus postulandi* da parte é restrito às ações que envolvam relação de emprego, não se aplicando às demandas referentes à relação de trabalho distintas da relação empregatícia.

Logo, para o doutrinador, em caso de ações trabalhistas ligadas à relação de trabalho não subordinado, as partes deverão estar representadas por advogados, não se aplicando a elas o artigo 791 da CLT, restrito a empregados e empregadores.

Carlos Henrique Bezerra Leite, p. 404 entende da mesma forma, porém, discordamos dos ilustres doutrinadores, em razão do que prevê o artigo 114 da Constituição Federal, que confere à Justiça do Trabalho à competência de processar e julgar as ações oriundas das relações de trabalho, sendo, portanto, plenamente possível a extensão do artigo 791 da CLT aos trabalhadores não subordinados.

Neste sentido, é imperioso destacar o Enunciado 67 aprovado pela 1ª Jornada de Direito Material e Processual do Trabalho, promoção conjunta da Anamatra, do Tribunal Superior do Trabalho e da Escola Nacional de Formação e Aperfeiçoamento dos Magistrados do Trabalho (Enamat), com apoio do Conselho Nacional das Escolas de Magistratura do Trabalho (Conematra), que propõe interpretação extensiva do instituto do *jus postulandi*, nos seguintes termos

"*JUS POSTULANDI.* ART. 791 DA CLT. RELAÇÃO DE TRABALHO. POSSIBILIDADE. A faculdade de as partes reclamarem, pessoalmente, seus direitos perante a Justiça do Trabalho e de acompanharem suas reclamações até o final, contida no artigo 791 da CLT, deve ser aplicada às lides decorrentes da relação de trabalho".

No mesmo sentido, estabelece a jurisprudência citada por Renato Saraiva em sua obra p. 223, que acarreta entendimento contrário ao seu, senão vejamos:

"AMPLIAÇÃO DA COMPETÊNCIA DA JUSTIÇA DO TRABALHO – NOVAS AÇÕES – EXTENSÃO DO *JUS POSTULANDI*. Embora o TST tenha editado instrução normativa que prevê a aplicação do princípio da sucumbência nos feitos da nova competência, remanesce a aplicabilidade da regra do *jus postulandi*. Se é verdade que o rito procedimental deve corresponder às peculiaridades das relações de direito material apreciadas, também é certo que a apreciação estrita do CPC pode prejudicar partes a que a hipossuficiência atinge de forma mais aguda, exatamente por não contarem com as garantias do contrato de emprego. Por fim, há que atentar para a circunstância de que o *jus postulandi* sempre foi assegurado, nos feitos de competência da Justiça do Trabalho, a empregado, a empregador, assim como, também, a trabalhador eventual e àquele que buscava conhecimento de vínculo, ainda que sem sucesso. A conclusão, portanto, é de que não existe irregularidade na atuação da parte sem a presença de advogado, nos feitos da nova competência. Recurso a que se nega provimento para manter a decisão que reconheceu que o réu tem capacidade postulatória".

4

HONORÁRIOS ADVOCATÍCIOS E ASSISTÊNCIA JUDICIÁRIA GRATUITA

Com a promulgação da EC n. 45/2004, que ampliou a competência material da Justiça do Trabalho para processar e julgar qualquer ação envolvendo relação de trabalho, o Tribunal Superior do Trabalho, por meio da Resolução n. 126/2005, editou a IN n. 27/2005, dispondo sobre inúmeras normas procedimentais aplicáveis ao processo do trabalho, estabeleceu no artigo 5º que, "exceto nas lides decorrentes da relação de emprego, os honorários advocatícios são devidos pela mera sucumbência".

Nossa posição está de acordo com o entendimento do C. TST no sentido de que ao trabalhador que ingressar com ação de competência da Justiça do Trabalho, lhe é assegurado o princípio da sucumbência.

Renato Saraiva, p. 250 discorda do entendimento do C. TST, por entender que a limitação da condenação em honorários de sucumbência nas lides decorrentes da relação de emprego apenas beneficia o empregador mau pagador, onerando ainda mais o trabalhador, o qual, além de não ter recebido seus créditos trabalhistas no momento devido, ainda é obrigado a arcar com pagamento de honorários advocatícios ao seu patrono, diminuindo, ainda mais, o montante das verbas a receber.

O artigo 22 da Lei n. 8.906/1994, que disciplina o Estatuto da Advocacia, dispõe que a prestação de serviço profissional assegura aos inscritos na OAB o direito aos honorários convencionados, aos fixados por arbitramento judicial e aos de sucumbência.

Entretanto, sobre o assunto, existe forte dissenso doutrinário e jurisprudencial, formando-se duas correntes, em que a primeira, minoritária, entende que os honorários advocatícios em caso de sucumbência são sempre devidos ao advogado, tendo em vista o disposto no artigo 133 da CF/1988 que a pessoa do advogado é indispensável à administração da justiça, sendo inviolável por seus atos e manifestações no exercício da profissão, nos limites da lei, no artigo 20 do CPC ao estabelecer que a sentença condenará o vencido a pagar ao vencedor as despesas que antecipou e os honorários advocatícios e no artigo 22 da Lei n. 8.906/1994, anteriormente citado.

Para a segunda corrente, majoritária, os honorários advocatícios nas demandas que envolvem relação de emprego, não decorrem simplesmente da sucumbência no processo, devendo a parte também ser beneficiária da assistência judiciária gratuita e estar assistida pelo sindicato profissional.

Esta corrente majoritária é defendida pelo Tribunal Superior do Trabalho, que consubstanciou seu entendimento nas Súmulas 259 e 329, que têm, como suporte jurídico a Lei n. 1.060/1950, que estabelece normas para a concessão da assistência judiciária, em especial o artigo 11 § 1º que limita a condenação em honorários de 15% senão vejamos:

> "Art. 11. Os honorários de advogados e peritos, as custas do processo, as taxas e selo judiciais serão pagos pelo vencido, quando o beneficiário de assistência for vencedor na causa.
>
> § 1º. Os honorários do advogado serão arbitrados pelo juiz até o máximo de 15% (quinze por cento) sobre o líquido apurado na execução da sentença".

Note-se que o artigo da referida Lei está em consonância com a OJ n. 348 do Colendo TST, ao acrescentar que os honorários advocatícios, quando devidos, serão pagos sobre o valor líquido da condenação, apurado na fase de liquidação de sentença, sem a dedução dos descontos fiscais e previdenciários, *in verbis*:

> "OJ 348. HONORÁRIOS ADVOCATÍCIOS. BASE DE CÁLCULO. VALOR LÍQUIDO. LEI N. 1.060, DE 05.02.1950 (DJ 25.04.2007)
>
> Os honorários advocatícios, arbitrados nos termos do art. 11, § 1º, da Lei n. 1.060, de 05.02.1950, devem incidir sobre o valor líquido da condenação, apurado na fase de liquidação de sentença, sem a dedução dos descontos fiscais e previdenciários."

As Súmulas ns. 219 e 329 do C. TST seguem o mesmo entendimento:

> "SÚMULA 219. HONORÁRIOS ADVOCATÍCIOS – HIPÓTESE DE CABIMENTO. Na Justiça do Trabalho, a condenação ao pagamento de honorários advocatícios, nunca superiores a 15% (quinze por cento), não decorre pura e simplesmente da sucumbência, devendo a parte estar assistida por sindicato da categoria profissional e comprovar a percepção de salário inferior ao dobro do salário mínimo ou encontrar-se em situação econômica que não lhe permita demandar sem prejuízo do próprio sustento ao da respectiva família."

"SÚMULA 329. HONORÁRIOS ADVOCATÍCIOS – ART. 133 DA CF/88. Mesmo após a promulgação da CF/1988, permanece válido o entendimento consubstanciado no Enunciado 219 do Tribunal Superior do Trabalho".

No processo do trabalho se faz necessário a presença concomitante dos requisitos da gratuidade processual e assistência do sindicato para percepção dos honorários advocatícios, exatamente nos termos da Orientação Jurisprudencial n. 305 da SDI-I do Colendo TST que dispõe:

"HONORÁRIOS ADVOCATÍCIOS – REQUISITOS – JUSTIÇA DO TRABALHO. Na Justiça do Trabalho o deferimento de honorários sujeita-se à constatação da ocorrência concomitante de dois requisitos: o benefício da justiça gratuita e a assistência por sindicato".

Neste sentido, já se manifestou o Colendo TST, como se vê do seguinte aresto:

"HONORÁRIOS ADVOCATÍCIOS. I – Os honorários advocatícios, no Processo do Trabalho, não se orientam apenas pela sucumbência, mas continuam a ser regulados pelo art. 14 da Lei n. 5.584/70, estando a sua concessão condicionada estritamente ao preenchimento dos requisitos indicados na Súmula n. 219 do TST, ratificada pela Súmula n. 329 da mesma Corte, devendo a parte estar assistida por sindicato da categoria profissional e comprovar a percepção de salário inferior ao dobro do mínimo legal ou encontrar-se em situação econômica que não lhe permita demandar sem prejuízo do próprio sustento ou de sua família. II – Nesse sentido segue a Orientação Jurisprudencial n. 305 do TST, segundo a qual na Justiça do Trabalho o deferimento de honorários advocatícios sujeita-se à constatação da ocorrência concomitante de dois requisitos: do benefício da justiça gratuita e da assistência sindical. (TST – RR – 140/2006-383-04-00 – 4ª Turma – MINISTRO BARROS LEVENHAGEN PUBLICAÇÃO: DJ – 01.08.2008)".

Destacamos, ainda, os seguintes arestos:

"HONORÁRIOS ADVOCATÍCIOS. CONCESSÃO. No que diz respeito aos honorários advocatícios, resta pacificado o entendimento de que são devidos, nesta Justiça Especializada, exclusivamente os honorários assistenciais quando a parte estiver representada em Juízo por advogado credenciado pela entidade sindical representativa da sua categoria profissional, e não dispuser de meios para arcar com as despesas do processo sem prejuízo do sustento próprio ou da sua família (Lei n. 5.584/1970)". (TRT 12ª Região – Acórdão 3ª T RO 00317-2008-046-12-00-3 Juiz Gracio R. B. Petrone – Publicado no TRTSC/DOE em 19.11.2008).

(...) "HONORÁRIOS ADVOCATÍCIOS. Havendo na legislação celetista regra específica acerca da matéria inadmissível a aplicação de normas previstas no Código Civil. O Tribunal Superior do Trabalho pacificou o entendimento de que os honorários advocatícios, nesta Justiça especializada, somente são devidos na ocorrência, simultânea, das hipóteses de gozo do benefício da justiça gratuita e da assistência do Sindicato da categoria profissional, para os trabalhadores que vençam até o dobro do salário-mínimo ou declarem insuficiência econômica para demandar. Note-se que sucessivas revisões legislativas modificaram profundamente a assistência judiciária no âmbito da Justiça do Trabalho: a Lei n. 10.288/01, acrescentou ao art.789, da CLT, o parágrafo 10, que derrogou o art. 14, da Lei n. 5.584/70; a Lei n. 10.537/02, alterou o art. 789, da CLT, e excluiu o referido parágrafo 10, derrogando, também, com isso, o art. 16, da Lei n. 5.564/70. Daí aplicar-se a Lei n. 1.060/50, que não faz qualquer referência quer à assistência sindical, quer ao limite de ganho do beneficiário, para ensejar a condenação em honorários advocatícios como consequência da sucumbência (artigo 11). Ressalvada essa concepção, acata-se, por disciplina judiciária, o entendimento cristalizado nas Súmulas n. s. 219 e 329 e nas Orientações Jurisprudenciais da SBDI-1 ns. 304 e 305 do C. TST". (TRT 2ª Região – Acórdão 20080279931 – Desembargado Relator Luiz Carlos Gomes Godoi – 2ª Turma – Publicado no DOE/SP 29.04.2008).

Em caso de condenação da empresa ao pagamento dos honorários de advogado na base de 15% como estabelecido pela lei, apesar do empregado ser beneficiário da gratuidade processual, este valor não será revertido em favor dele, mesmo porque ele em nada despendeu com seu procurador, fornecido gratuitamente pelo sindicato.

Assim, a verba honorária deferida pelo juiz em caso de assistência por Sindicato, será à ele revertida, exatamente nos termos do artigo 16 da Lei n. 5.584/70 que estatui:

> "Art. 16. Os honorários do advogado, pagos pelo vencido, reverterão em favor do Sindicato assistente."

Verifica-se que são duas leis que dispõem sobre a concessão de assistência judiciária. A primeira delas é a já mencionada Lei n. 1.060/1950 em que a assistência judiciária aos necessitados é prestada pelo poder público federal e estadual, independentemente da colaboração dos municípios e da Ordem dos Advogados do Brasil (art. 1º). A segunda é a Lei n. 5.584/1970 que disciplina a concessão de assistência judiciária na Justiça do Trabalho em que esta será prestada aos necessitados, por meio do Sindicato profissional a que pertencer o trabalhador.

Entretanto, é importante frisar que nos termos do artigo 18 da Lei n. 5.584/70, a assistência judiciária será prestada ao trabalhador pelo seu sindicato profissional, mesmo que o obreiro não seja associado ao respectivo ente sindical, não sendo lícito, portanto, ao sindicato profissional negar assistência jurídica ao trabalhador ou mesmo condicioná-lo à sua associação.

Um dos requisitos para obter a percepção da assistência judiciária gratuita é o trabalhador perceber salário igual ou inferior ao dobro do mínimo legal, ficando assegurado igual benefício ao trabalhador de maior salário, desde que provado que situação econômica não lhe permite demandar, sem prejuízo do sustento próprio e de sua família, situação antigamente comprovada por meio de diligência sumária no prazo de 48 horas realizada pela autoridade local do Ministério do Trabalho ou mesmo Delegado de Polícia da região onde residia o obreiro. (art. 14, §§ 2º e 3º da Lei n. 5.584/70)

Contudo, com o advento da Lei n. 7.115/1983 art. 1º, deixou de ser obrigatória a apresentação de atestado de pobreza, bastando que o interessado de próprio punho ou por seu procurador com poderes específicos, sob as penas da lei, declarasse a veracidade da situação.

Destaca-se que assistência judiciária gratuita não é sinônimo de benefício da justiça gratuita, pois, a primeira está relacionada à gratuidade da assistência técnica, que no caso é o Sindicato, enquanto que a segunda, refere-se exclusivamente à gratuidade nas despesas processuais, ou seja, custas, emolumentos, taxas judiciárias e selos etc. (art. 3º da Lei n. 1.060/1950), mesmo que a representação processual tenha sido prestada por advogado particular constituído pela parte.

Para Carlos Henrique Bezerra Leite, Curso de Direito Processual do Trabalho, p. 420, a assistência judiciária nos domínios do processo do trabalho, é monopólio das entidades sindicais, onde temos o assistente (sindicato) e o assistido (trabalhador), cabendo ao primeiro oferecer serviços jurídicos em juízo ao segundo. A assistência judiciária gratuita abrange o benefício da justiça gratuita.

Já o benefício da justiça gratuita, que é regulado pelo artigo 790 § 3º da CLT, pode ser concedido por qualquer juiz de qualquer instância a qualquer trabalhador, independentemente de estar sendo patrocinado por advogado ou sindicato, que litigue na Justiça do Trabalho, desde que perceba salário igual ou inferior ao dobro do mínimo legal ou que declare que não está em condições de pagar as custas do processo sem prejuízo do sustento próprio ou de sua família. O benefício da justiça gratuita implica apenas a isenção do pagamento de despesas processuais.

De acordo com este entendimento, Carlos Henrique Bezerra Leite, p. 420, menciona jurisprudência do Colendo TST que vem admitindo a coexistência da justiça gratuita e assistência judiciária, *in verbis*:

"(*omissis*) JUSTIÇA GRATUITA – Cabe ressaltar não haver nenhuma sinonímia entre os benefícios da justiça gratuita e o beneplácito da assistência judiciária. Enquanto a assistência judiciária reporta-se à gratuidade da representação técnica, hoje assegurada constitucionalmente (art. 5º, LXXIV), a justiça gratuita refere-se exclusivamente às despesas processuais, mesmo que a assistência judiciária tenha sido prestada por advogado livremente constituído pela parte. Assim, a assistência judiciária de que cuida a Lei n. 5.584/70 foi alçada apenas em um dos requisitos da condenação a honorários advocatícios, reversíveis à entidade que a prestou, ao passo que os benefícios da justiça gratuita se orientam unicamente pelo pressuposto do estado de miserabilidade da parte, comprovável a partir de o salário percebido ser inferior ao dobro do mínimo, ou mediante declaração pessoal do interessado. Isso porque o atestado de pobreza ou prova de miserabilidade de que cuidam os §§ 2º e 3º do art. 14 da Lei n. 5.584/70 encontra-se mitigado pela Lei n. 7.115/83, que admite a simples declaração do interessado, sob as penas da lei, de que não tem condições de demandar em juízo sem comprometimento do sustento próprio e da sua família. Com isso, tendo o Regional registrado a existência de declaração de pobreza, é cabível a concessão de benefícios da justiça gratuita, isentando o reclamante das custas processuais a que fora condenado. Ao mesmo tempo cumpre registrar que muito embora o recorrente seja beneficiário da gratuidade de justiça, isso não significa que o referido benefício alcance o valor pecuniário aplicado a título de multa por litigância de má-fé, uma vez que a gratuidade da justiça não é salvo-conduto para o abuso do direito, e a enumeração taxativa do art. 3º da Lei n. 1.060/50 não a cita. Recurso conhecido e provido". (TST – RR 688649 – 4ª Turma – Relator Ministro Antonio José de Barros Levenhagen – DJU 29.08.2003).

A lei assegura os benefícios da gratuidade processual, somente ao empregado, por ser assalariado, tal benéfico não é atribuído ao empregador, pois, para este, não há previsão infraconstitucional que lhe garanta tal direito, sobretudo quando pessoa jurídica.

A jurisprudência nesse sentido é praticamente uníssona, vejamos:

BENEFÍCIOS DA JUSTIÇA GRATUITA. PESSOA JURÍDICA. DEPÓSITO RECURSAL. INAPLICABILIDADE. SÚMULA N. 6 DO C. TRIBUNAL REGIONAL DO TRABALHO DA SEGUNDA REGIÃO. Segundo o artigo 2º, parágrafo único da Lei n. 1.060/50 considera-se necessitada a pessoa cujas despesas processuais possam importar em prejuízo "próprio ou familiar", o que por interpretação lógica conduz à peroração de que apenas as pessoas físicas podem ser beneficiárias da gratuidade dos atos processuais. Ademais, a Lei n. 5.584/70, ao versar sobre a assistência gratuita, faz menção unicamente ao empregado, não citando, em momento nenhum o empregador. (TRT 2ª Região – Acórdão 20080597704 – 12ª Turma – Desembargadora Relatora Vania Paranhos – Publicado no DOE em 03.07.2008).

JUSTIÇA GRATUITA. PESSOA JURÍDICA: "O benefício da justiça gratuita, no âmbito trabalhista, é dirigido ao assalariado, que vende sua força de trabalho, tendo por intuito assegurar-lhe acesso ao Judiciário, possibilitando-lhe a satisfação dos direitos decorrentes da prestação laboral. É incabível o deferimento de graciosidade judiciária a pessoa jurídica, que deve responder pelas custas processuais, além de ser obrigada a realizar o depósito recursal, caso pretenda a revisão do julgado pela instância *ad quem*." Agravo de Instrumento a que se nega provimento. (TRT 2ª Região – Acórdão 20071121018 – 11ª Turma – Desembargadora Relatora Dora Vaz Treviño – Publicado no DOE em 22.01.2008).

JUSTIÇA GRATUITA. PESSOA JURÍDICA. IMPOSSIBILIDADE. As Leis ns. 1.060/50 e 5.584/70 prevêem a concessão da assistência judiciária gratuita para efeito de isenção do pagamento das custas processuais tão-somente à pessoa física, não havendo como ser estendido o benefício à pessoa jurídica, mesmo diante da alegada impossibilidade de arcar com as despesas do processo. Assim, não tendo a ré comprovado o recolhimento das custas processuais, o recurso por ela interposto deve ser considerado deserto. (TRT 12ª Região – Acórdão-3ª Turma – RO 00306-2008-051-12-00-9 – Juíza Gisele P. Alexandrino – Publicado no TRTSC/DOE em 20.11.2008).

INDEFERIMENTO DA JUSTIÇA GRATUITA AO EMPREGADOR. É inacolhível a pretensão da pessoa jurídica de direito privado ao benefício da justiça gratuita, espécie do gênero assistência judiciária que a Lei n. 5.584/70, em seu art. 14, restringe, na Justiça do Trabalho, a integrantes da categoria profissional, vale dizer, aos empregados, desde que declaradamente necessitados ou aufiram até dois salários mínimos. O fato de a reclamada ser entidade sem fins lucrativos em nada altera o deslinde da questão. (TRT 12ª Região – Acórdão-3ªT RO 00149-2008-051-12-00-1 – Juiz Gracio R. B. Petrone – Publicado no TRTSC/DOE em 13.11.2008).

Entretanto, o C. TST admitiu em algumas situações o pedido de justiça gratuita para empregador pobre, concedendo-lhe isenção de custas processuais para recorrer de sentença em que foi condenado ao pagamento de verbas trabalhistas. Referido empregador, declarou de próprio punho, sob as penas da lei, apesar ser um microempresário, que não tinha condições de pagar as custas do processo sem prejuízo do próprio sustento e de sua família.

Transcrevemos a decisão, *in verbis*:

> INSUFICIÊNCIA ECONÔMICA DO EMPREGADOR – JUSTIÇA GRATUITA. O Reclamado, dono de uma firma individual, enquadrado como microempresário, ao interpor o Recurso ordinário, declarou, de próprio punho sob as penas da lei, ser pobre na acepção jurídica do termo, não tendo condições de residir em Juízo pagando as custas do processo sem prejuízo do próprio sustento e dos respectivos familiares. Assim, não se apresenta razoável, diante da peculiaridade evidenciada nos autos, a deserção declarada pelo Tribunal Regional, na medida em que o entendimento adotado acabou por retirar do Reclamado o direito à ampla defesa, impedindo-o de discutir a condenação que lhe foi imposta em 1º Grau. A tese lançada na Decisão revisanda vai de encontro aos termos do art. 5º da Constituição Federal, pois tal dispositivo, em seu inciso LXXIV, estabelece textualmente que o Estado prestará assistência judiciária integral e gratuita aos que comprovarem insuficiência de recursos, sem fazer qualquer distinção entre pessoas física e jurídica. Recurso conhecido e provido. (TST – 2ª Turma – RR 728010/2001.0 – DJ 11.04.2006).

No mesmo sentido, destacamos:

> BENEFÍCIO DA JUSTIÇA GRATUITA – EMPREGADOR – A discussão que se coloca, hodiernamente, é sobre a possibilidade de concessão do benefício da justiça gratuita à pessoa jurídica. O simples fato de ser empregador não a desautoriza, principalmente em se tratando de empregador doméstico. O benefício da assistência judiciária gratuita tem sede na Constituição e na Lei n. 1.060/50, que disciplina os requisitos para sua concessão, quais sejam não ter a parte condições para demandar sem prejuízo do próprio sustendo e o de sua família, sendo bastante a declaração do próprio interessado. O Regional registra a existência dessa prova. Destarte, o empregador doméstico, desde que declarada a sua miserabilidade jurídica, é também destinatário do benefício da justiça gratuita. Entretanto, o benefício se limita às custas processuais, visto que a lei exime apenas do pagamento das despesas processuais e o depósito recursal trata-se de garantia do juízo de execução. Recurso provido. (TST – RR. 771.191/01.0 – 4ª Turma – Rel. Min. Antônio José de Barros Levenhagen – DJU 14.02.2003, p. 654).

A parte contrária poderá, em qualquer fase da lide, requerer a revogação dos benefícios de assistência, desde que comprove a inexistência ou o desaparecimento dos requisitos essenciais à sua concessão (art. 7º da Lei n. 1.060/1950).

Por fim, segue a alteração recente na CLT sobre o tema:

> "Art. 791-A. Ao advogado, ainda que atue em causa própria, serão devidos honorários de sucumbência, fixados entre o mínimo de 5% (cinco por cento) e o máximo de 15% (quinze por cento) sobre o valor que resultar da liquidação da sentença, do proveito econômico obtido ou, não sendo possível mensurá-lo, sobre o valor atualizado da causa.

§ 1º Os honorários são devidos também nas ações contra a Fazenda Pública e nas ações em que a parte estiver assistida ou substituída pelo sindicato de sua categoria.

§ 2º Ao fixar os honorários, o juízo observará:

I – o grau de zelo do profissional;

II – o lugar de prestação do serviço;

III – a natureza e a importância da causa;

IV – o trabalho realizado pelo advogado e o tempo exigido para o seu serviço.

§ 3º Na hipótese de procedência parcial, o juízo arbitrará honorários de sucumbência recíproca, vedada a compensação entre os honorários.

§ 4º Vencido o beneficiário da justiça gratuita, desde que não tenha obtido em juízo, ainda que em outro processo, créditos capazes de suportar a despesa, as obrigações decorrentes de sua sucumbência ficarão sob condição suspensiva de exigibilidade e somente poderão ser executadas se, nos dois anos subsequentes ao trânsito em julgado da decisão que as certificou, o credor demonstrar que deixou de existir a situação de insuficiência de recursos que justificou a concessão de gratuidade, extinguindo-se, passado esse prazo, tais obrigações do beneficiário.

§ 5º São devidos honorários de sucumbência na reconvenção."

Representação e Assistência

Primeiramente convém ressaltar que há distinção entre representação e assistência.

Representar significa desempenhar atribuições que lhe foi confiado, ou seja, buscar a defesa dos interesses de outrem.

Conforme as palavras do doutrinador Renato Saraiva, p. 224, na representação o representante age no processo em nome do titular da pretensão defendendo o direito do próprio representado. Em outras palavras, o representante figura no processo em nome e na defesa de interesse de outrem.

Para Amauri Mascaro Nascimento, p. 372, representar significa tornar presente, estar no lugar de alguém, desempenhar um papel que se lhe é confiado. Representante é exatamente aquele que surge no lugar de quem não pode desempenhar. Representação é o ato ou a ação, mas também a qualidade atribuída para o fim de agir no lugar de outrem.

A representação pode ser de diversos tipos:

a) Representação legal: é aquela imposta pela da lei. Exemplo: A representação da categoria em juízo, por sindicato (art. 8º, III da CF e art. 513, a, da CLT); representação das pessoas jurídicas de direito público.

b) Representação Convencional: é aquela facultada à parte, ou seja, é ato de disposição da própria vontade da parte de se fazer representar em juízo. Exemplo: representação do empregador por preposto (art. 843, § 1º da CLT).

c) Representação geral: é a legitimidade total do representante para atuar em todos os atos processuais. Exemplo: representação do incapaz pelo pai, tutor ou curador.

d) Representação parcial: àquelas restritas a alguns atos ou fases processuais. Exemplo: representação de algum ato específico, como comparecimento do representante em audiência para representar empregado que por motivo de doença, comprovada, não pode comparecer. (art. 843, § 2º da CLT).

No que tange à assistência, esta pode ter inúmeros significados, consistindo numa assistência interventiva, litisconsorcial, assistência judiciária e assistência judicial dos relativamente incapazes (art. 4º do CC).

O assistente intervém na lide apenas para auxiliar a parte, pois, o assistido pode manifestar livremente sua vontade junto ao assistente.

Wagner Giglio, Direito Processual do Trabalho 14ª edição, p. 108, pondera que o assistente, ao contrário do representante, apenas supre a deficiência de vontade do assistido, e não a substitui. Assim, não pode o assistente, por exemplo, fazer acordo em nome do assistido, mas é este que, após consulta com seu responsável legal, deve aceitar ou recusar a conciliação proposta.

Portanto, o assistente não é parte na ação, mas um terceiro, auxiliando a parte.

Representação das Pessoas Físicas

Já dissemos que toda pessoa física que tem capacidade civil também tem capacidade processual. Entretanto, os que não têm capacidade civil como os incapazes, estes serão representados ou assistidos por seus pais, tutores ou curadores, na forma da lei.

Representação do Empregado por Sindicato

O artigo 791 § 1º combinado com artigo 513, a, da CLT facultam às partes (empregado e empregador) nos dissídios individuais fazer-se representar por intermédio de sindicato representante da categoria de classe.

Convém ressaltar que a Lei n. 5.584/70 art. 18, revogou parcialmente o art. 791 § 1º da CLT dispondo que a representação do empregado por sindicato, independe de ser ele associado ou não, veja:

> Art. 18. "A assistência judiciária, nos termos da presente Lei, será prestada ao trabalhador ainda que não seja associado do respectivo Sindicato".

Assim, não subsiste a exigência de a representação ser conferida apenas ao associado da entidade de classe.

O artigo 843, § 2º da CLT, destaca outra hipótese de representação do empregado por sindicato, senão vejamos:

> Art. 843. (...)
>
> § 2º. "Se por doença ou qualquer outro motivo poderoso, devidamente comprovado, não for possível ao empregado comparecer pessoalmente, poderá fazer-se representar por outro empregado que pertença à mesma profissão, ou pelo sindicato". (g.n)

Ocorre que a representação prevista nesse artigo não significa representação processual, pois, conforme explica Wagner Giglio, este dispositivo deve ser entendido, em consonância com a melhor doutrina e com apoio na jurisprudência dominante, que essa norma apenas prevê a possibilidade de o sindicato, por um de seus dirigentes, comparecer à audiência para provar a doença ou outro motivo poderoso determinante da ausência do reclamante, para o fim exclusivo de evitar o arquivamento do processo.

Representação do empregado por outro empregado

O mesmo art. 843 § 2º da CLT acima citado prevê a possibilidade do empregado que não pode comparecer à audiência por motivo de doença, devidamente comprovado, ser representado por outro empregado, desde que pertença à mesma profissão.

Veja que tanto a representação do empregado por sindicato como por outro empregado descrito no artigo 843 § 2º da CLT, não se trata de representação processual, uma vez que em ambos os casos o fim objetivado da norma é tão somente evitar o arquivamento do processo, quando o empregado por motivo de doença, não puder comparecer.

A figura do sindicato e do empregado da mesma profissão, na representação do empregado ausente perante o juízo, não é de representá-lo processualmente, mas, apenas de comprovar a veracidade da doença ou outro motivo relevante que impediu o autor de comparecer à audiência, evitando-se assim, a extinção do processo sem resolução de mérito com o consequente arquivamento dos autos.

Conforme Carlos Henrique Bezerra Leite, p. 407, não se cuida, pois, de representação, porque, a rigor, nem o dirigente sindical nem o empregado da mesma profissão poderão praticar atos processuais inerentes à representação, como confessar, transigir, desistir da ação, recorrer etc.

Representação na reclamatória plúrima e na ação de cumprimento

Esta hipótese está prevista no artigo 843 da CLT que dispõe o seguinte:

> Art. 843. Na audiência de julgamento deverão estar presentes o reclamante e o reclamado, independentemente do comparecimento de seus representantes, salvo nos casos de Reclamatórias Plúrimas ou Ações de Cumprimento, quando os empregado poderão fazer-se representar pelo Sindicato de sua categoria.

Tendo em vista a existência de vários reclamantes neste tipo de ação, os juízes passaram a aceitar a chamada "comissão de representantes" que normalmente é a representação dos empregados por advogado do Sindicato, cujo objetivo é evitar que todos os empregados compareçam à Justiça do Trabalho ou na hipótese em que todos ainda estejam trabalhando na empresa, não fique esta impossibilitada de contar com todos os trabalhadores ao mesmo tempo.

Ressalte-se, entretanto, que não há previsão legal para esse tipo de comissão, sendo, portanto, faculdade do juiz aceitar ou não.

Imperioso esclarecer que nas reclamatórias plúrimas a representação dos empregados por sindicato também é meramente fática, e não processual, pois o sindicato, neste caso, também não poderá transigir, desistir da ação, confessar, recorrer, entre outros, em nome dos empregados por ele representados.

Entretanto, na ação de cumprimento o sindicato atua como substituto processual, lhe sendo facultado defender direito alheio, independentemente de autorização dos substituídos.

Representação dos empregados menores e incapazes

Verifica-se na doutrina, extensa discussão se o menor de 18 anos é representado ou assistido nos processos trabalhistas.

Para Sérgio Pinto Martins, Direito Processual do Trabalho, 21ª edição, p. 193, por exemplo, a CLT confunde representação e assistência, pois, ora emprega um com o significado do outro e vice-versa. É o caso do § 1º do art. 791 da CLT ao afirmar que nos dissídios individuais os empregados e empregadores poderão fazer-se *representar* por intermédio do sindicato, advogado, solicitador ou provisionado, enquanto que o § 2º do mesmo artigo menciona que nos dissídios coletivos aos interessados a *assistência* por advogado e o art. 792 da CLT ao estabelecer que os maiores de 18 anos e menores de 21 anos poderão pleitear perante a Justiça do trabalho sem a *assistência* de seus pais, tutores ou maridos.

Esta discussão toda surge porque o art. 7º, XXXIII, da CF/88, com a nova redação dada ao inciso pela Emenda Constitucional n. 20/98, que estabelece a "proibição de trabalho noturno, perigoso ou insalubre a menores de 18 anos e de que qualquer trabalho a menores de 16 anos, salvo na condição de aprendiz, a partir de 14 anos".

Contudo, para o processualista Amauri Mascaro Nascimento, p. 377, os menores no plano do direito civil, são assistidos ou representados. Porém, no processo trabalhista, são sempre representados. Esta é uma representação processual. Não deve ser confundida com aquela, que é uma representação do direito substancial. A sutil distinção entre assistência e representação no plano material não deve ser transportada para a relação jurídica processual. Basta falar em representação, e pronto. O menor assistido ou representado, continua com a capacidade de ser parte e o responsável legal com a capacidade de estar em juízo.

Concordamos com o pensamento do ilustre processualista, vez que é cediço que somente aos 18 anos o empregado adquire a maioridade trabalhista, momento em que passa a ter plena capacidade processual, que é a capacidade de estar em juízo. Assim, na Justiça do Trabalho não importa se o empregado é menor de 14 anos ou se tem entre 14 e 16 anos ou ainda, entre 16 e 18 anos, todos somente terão capacidade de ser parte no processo, tendo capacidade de estar em juízo, somente seu responsável legal, até porque, a CLT, em seu artigo 793, com nova redação dada pela Lei n. 10.288/2001, não faz distinção entre os menores de 14 e 18 anos, conforme se lê:

> Art. 793. "A reclamação trabalhista do menor de 18 anos será feita por seus representantes legais e, na falta destes, pela Procuradoria da Justiça do Trabalho, pelo Sindicato, pelo Ministério Público estadual ou curador nomeado em juízo".

As recentes estatísticas de exploração do trabalho infantil, apontam que crianças e adolescentes de 6 anos aos 18 anos trabalham de forma subordinada e muitas vezes em ambientes prejudiciais à sua saúde física e mental, comprometendo a sua dignidade enquanto pessoa humana merecedora de proteção especial do Estado, da família e de toda sociedade.

Nestes casos, entende Carlos Henrique Bezerra Leite p. 409, que, embora nula a relação empregatícia, esta produz todos os efeitos, como se válida fosse, razão pela qual os responsáveis legais poderão representar tais menores em ação que objetive a percepção das verbas trabalhistas correspondentes. Trata-se, em tais casos, de *representação*, e não de *assistência*.

No que concerne ao tema colecionamos os seguintes julgados:

PROCESSO DO TRABALHO. MENOR. CAPACIDADE DE ESTAR EM JUÍZO. ASSISTÊNCIA POR IRMÃO. IRREGULARIDADE. No processo do trabalho, os menores de dezoito anos não possuem capacidade de estar em Juízo (capacidade de exercício ou de fato), necessitando, para tanto, da assistência do pai, da mãe, e, na falta destes, do Procurador do Trabalho, do sindicato, do Ministério Público Estadual ou de curador à lide (art. 793/CLT). Nesse passo, é irregular a representação de menor por seu irmão, principalmente não tendo nos autos nenhum indício de que os pais do menor não sejam vivos ou que estariam impossibilitados de assim proceder. O acordo firmado pelo menor, acompanhado por seu irmão, é ato anulável, na forma do art. 171, inc. I, do CC, por praticado por agente relativamente incapaz, sem a assistência de seu representante legal. (TRT 12ª Região – Processo RO 00731-2006-012-12-00-3 – 3ª Turma – Juiz Narbal A. Mendonça Fileti – Publicado no TRTSC/DOE em 21.10.2008).

AUSÊNCIA DE INTERVENÇÃO DO MINISTÉRIO PÚBLICO. INTERESSE DE MENOR. NULIDADE DO PROCESSO. A ausência de intimação do Ministério Público para intervir nos feitos que envolvam interesses de menor acarreta a nulidade do processo, *ex vi* do disposto nos artigos 84 e 246, ambos do CPC. (TRT 12ª Região – Processo 00483-1996-018-12-85 – 9 – 3ª Turma – Juiz Gerson P. Taboada Conrado – Publicado no TRTSC/DOE em 13.10.2008).

MENOR. CURATELA. MINISTÉRIO PÚBLICO. ART. 793 DA CLT. INEXISTÊNCIA DE NULIDADE. PRINCÍPIO DA TRANSCENDÊNCIA. Consoante o disposto no art. 793 da Consolidação, na falta dos representantes legais do menor, a sua assistência na ação trabalhista pode ser efetuada por agente do Ministério Público. Prescindível prova de que os genitores não lhe puderam dar assistência para que o referido agente político possa lhe prestar curatela, que, ao reverso, se afigura dever legal. Ademais, por aplicação do princípio da transcendência (art. 794 da CLT), o prejuízo é elemento essencial para declaração de nulidade processual. (TRT 12ª Região – Processo RO 00206-2007-016-12-00-4– 3ª Turma – Juíza Ligia M. Teixeira Gouvêa – Publicado no TRTSC/DOE em 26.08.2008).

Representação das pessoas jurídicas e outros entes sem personalidade

Apesar do artigo 843 da CLT estabelecer que as partes deverão estar presentes na audiência de julgamento, independentemente do comparecimento de seus representantes, o empregador, entretanto, poderá fazer-se "substituir pelo gerente ou qualquer outro preposto que tenha conhecimento do fato, e cujas declarações obrigarão o proponente".

Conforme ensina Carlos Henrique Bezerra Leite, p. 411 fazer-se substituir não guarda qualquer pertinência com a substituição processual, que é uma espécie de legitimação *ad causam* extraordinária.

Alguns doutrinadores entendem que para ser preposto não precisa necessariamente ser empregado da empresa, visto que a lei não exige essa qualidade. A exemplo disso pensa o doutrinado Antonio Lamarca citado por Amauri Mascaro Nascimento, p. 379 ao sustentar que o conceito de preposto não precisa coincidir, necessariamente, com a figura do empregado como tal definido no art. 3º do Estatuto Obreiro.

Contudo, a jurisprudência se firmou no sentido de que só o empregado da empresa reclamada pode servir de preposto, e não qualquer pessoa, como parecia indicar a redação dada pelo art. 843 da CLT. Posição que adotamos, pois, não pode uma pessoa alheia ao âmbito laboral ter conhecimento dos fatos como determina a lei.

Neste sentido, é o que dispõe a jurisprudência:

> Preposto. Empregado de escritório de contabilidade. Revelia. O preposto deve ser empregado da empresa reclamada, exceto quando o empregado é empregado doméstico. A empresa que não se faz representar por verdadeiro empregado, mas por empregado de escritório de contabilidade, é revel e confessa quanto à matéria de fato. Recurso Ordinário não provido. (TRT 2ª Região – Acórdão 20080928930 – Juiz Relator DAVI FURTADO MEIRELLES – 12ª Turma – Publicado no DOE/SP em 24.10.2008).

> PREPOSTO NÃO EMPREGADO. REPRESENTAÇÃO IRREGULAR. REVELIA E CONFISSÃO. A nomeação de preposto sem vínculo de trabalho com a empresa, não satisfaz os ditames do artigo 843, § 1º, da CLT, cuja inteligência foi explicitada na Súmula 377, do C.TST, segundo a qual preposto tem que ser empregado, salvo na hipótese de empregador doméstico. A restrição consagrada na jurisprudência, à representação em Juízo por não empregados, atende aos fins do artigo 843, § 1º, da CLT, evitando a profissionalização da função de preposto, que produziria grave desequilíbrio entre as partes litigantes. (TRT 2ª Região – Acórdão 20070836447 – Juiz Relator RICARDO ARTUR COSTA E TRIGUEIROS – 4ª Turma – Publicado no DOE/SP em 05.10.2007).

Esta questão já foi pacificada, inclusive, pela Súmula n. 377 do Colendo Tribunal Superior do trabalho, *in verbis*:

> "Exceto quanto à reclamação de empregado doméstico, o preposto deve ser necessariamente empregado do reclamado. Inteligência do art. 843, § 1ª da CLT".

Ademais, a jurisprudência, entende, ainda, que o desconhecimento dos fatos pelo preposto em audiência, equivalerá ao não comparecimento do empregado, sendo-lhe gerado a confissão ficta do mesmo.

> Confissão ficta. Depoimento do preposto. Desconhecimento dos fatos – O preposto deve ter conhecimento dos fatos da lide, seja por ouvir dizer, seja por ter examinado a ficha de registro do empregado. O desconhecimento dos mesmos implica em confissão ficta quanto à matéria de fato. Exegese do § 1º, do artigo 843 da CLT, segundo o qual é facultado "ao empregador fazer-se substituir pelo gerente, ou qualquer outro preposto que tenha conhecimento do fato, e cujas declarações obrigarão o proponente" (grifei). De acrescentar, ainda, que a oitiva da parte tem justamente por objetivo extrair-se dela a confissão. (TRT 2ª Região – Acórdão 20080543337 – Juíza Relatora MARIA APARECIDA DUENHAS – 11ª Turma – Publicado no DOE/SP em 01.07.2008).

CONFISSÃO. PREPOSTO. DESCONHECIMENTO DOS FATOS. É aplicável à ré a confissão ficta quando o preposto desconhece os horários trabalhados pelo autor e desconhece outros fatos relevantes da contratualidade. (TRT 12ª Região – Processo RO 01958-2007-032-12-00-1 – 3ª Turma – Juiz Gilmar Cavalieri – Publicado no TRTSC/DOE em 04.11.2008).

Colacionamos, entretanto, entendimento contrário à maioria jurisprudencial, *in verbis*:

REPRESENTAÇÃO. PREPOSTO NÃO É TESTEMUNHA. DESNECESSÁRIA A CIÊNCIA PESSOAL DOS FATOS. Preposto não é testemunha, e assim, não precisa ter conhecimento pessoal dos fatos. Assim, inócua a alegação da reclamada de que não tinha como fazer-se representar em audiência por estar doente o único sócio, e que não tinha mais empregados contemporâneos do reclamante na empresa. Bastaria à ré ter trazido empregado atual para representá-la, já que o parágrafo 1º do artigo 843 da CLT autoriza a substituição por gerente ou preposto que tenha conhecimento do fato, não necessitando que tal pessoa tenha trabalhado na mesma época que o reclamante; II – CONFISSÃO. AUSÊNCIA DA RECLAMADA À AUDIÊNCIA. CONFISSÃO FICTA. A ausência da reclamada à audiência enseja a presunção decorrente da confissão ficta, segundo a qual tornam-se por verdadeiros os fatos articulados na petição inicial, conforme expressamente preconizado no art. 844, "*caput*" da CLT. Na situação dos autos, a decisão do Juízo de origem de aplicar apenas a "*ficta confessio*" foi até vantajosa para a reclamada, em vista do entendimento consubstanciado na OJ 122 da SDI-1 do C. TST, que autorizaria até a decretação da revelia. Recurso patronal ao qual se nega provimento. (TRT 2ª Região – Acórdão 20080319224– Juiz Relator RICARDO ARTUR COSTA E TRIGUEIROS – 4ª Turma – Publicado no DOE/SP em 29.04.2008).

Além das pessoas naturais ou físicas, há as pessoas jurídicas, de direito público ou de direito privado, segundo o qual serão representados em juízo, ativa e passivamente:

1. a União, os Estados, o Distrito Federal e os Territórios, por seus procuradores. A União é representada pela Advocacia Geral da União, os Estados, Distrito Federal e Territórios podem ser representados por qualquer preposto, desde que seja empregado, juntamente com o patrocínio do advogado ou procurador;

2. os Municípios, por seu Prefeito ou por seu procurador;

3. as pessoas jurídicas de Direito Privado, por quem os respectivos estatutos designarem, ou, não os designando, por seus diretores;

4. as sociedades sem personalidade jurídica, pela pessoa a quem couber a administração de seus bens;

5. a pessoa jurídica estrangeira, pelo gerente, representante ou administrador de sua filial, agência ou sucursal aberta ou instalada no Brasil. O "gerente da filial ou agência presume-se autorizado, pela pessoa jurídica estrangeira, a receber a citação inicial para o processo de conhecimento, de execução, cautelar e especial".

Ainda temos outros entes formais descritos no art. 12 do CPC, que apesar de não terem personalidade de pessoa física ou jurídica, podem estar representadas em juízo:

1. a massa falida que é representada em juízo pelo síndico nomeado, ou, muitas vezes, pelo preposto deste, pois a massa falida não detém de empregados, e não é possível ao síndico estar em vários lugares ao mesmo tempo para representar a massa. Isso se dá, porque o falido perde o direito de comerciar e administrar os negócios da massa;

2. a herança jacente ou vacante será representada pelo curador nomeado;

3. o espólio, será representado pelo inventariante nomeado e compromissado (Lei n. 6.858/1980);

4. a massa de bens, decorrente da declaração de insolvência civil do devedor, pelo administrador que for nomeado.

No que tange ao condomínio residencial e comercial, existe norma específica prevista na Lei n. 2.757/1956, não se aplicando, portanto, as regras do CPC (art. 769 da CLT). Assim, a representação dos condomínios em juízo deve recair na pessoa do síndico.

Quando o síndico for pessoa jurídica, ou seja, a própria empresa administradora (§ 4º do art. 22 da Lei n. 4.591/64), a representação poderá ser feita pelo preposto.

Quanto ao empregador doméstico, a representação pode ser feita tanto pela pessoa que contratou o doméstico, como qualquer pessoa da família, como o marido, o filho, a filha etc., pois o art. 1º da Lei n. 5.589/72 dispõe que o empregado doméstico presta serviços à pessoa ou à família.

Quanto ao grupo econômico, entendemos que cada empresa deverá ser representada por preposto individual, não se admitindo preposto único embora haja discordância na doutrina, inclusive pela jurisprudência que vem admitindo um único preposto para o grupo de empresa. Veja:

REVELIA – INOCORRÊNCIA – PREPOSTO DE OUTRA EMPRESA COLIGADA – Segundo a melhor exegese do § 2º do art. 843 da CLT, o preposto precisa, necessariamente, ter conhecimento dos fatos e ainda, ser empregado da reclamada. Sendo o preposto empregado de outra empresa do mesmo grupo econômico, não há que se falar em revelia, eis que suas declarações têm o condão de vincular solidariamente todas as empresas coligadas, ainda que estas tenham personalidade jurídicas distintas"(TRT 23ª Região R. – AC 4550/96 – Ac. TP n. 1578/97 – Rel. Juiz José Simioni – DJMT 16.06.1997).

REVELIA – PREPOSTO – GRUPO ECONÔMICO – Empregado de uma das empresas demandadas componentes de grupo econômico pode validamente representar todas em audiência sem se configurar revelia e confissão. (TRT 9ª Região R. RO 7.892/94 – 3ª Turma – Ac. 13990/95 – Juiz Relator João Oreste Dalazen – DJPR 09.06.1995).

REPRESENTAÇÃO POR ADVOGADO

Apesar do *jus postulandi* das partes, permanecer em vigor na justiça do trabalho, conforme art. 791 da CLT, o art. 791 §1º da mesma norma, faculta ao empregado e empregador fazer-se representar por advogado.

No entanto, nosso entendimento vai de encontro ao que dispõe o art. 133 da Constituição Federal, ao estabelecer que a figura do advogado é indispensável à administração da Justiça.

Neste mesmo sentido, entende Calamandrei, citado por Amauri Mascaro Nascimento, p. 413, cujas palavras são convincentes ao dizer que, do prisma psicológico, a parte, obcecada muito frequentemente pela paixão e pelo ardor da contenda, não têm, via de regra, a serenidade desinteressada que é necessária para captar os pontos essenciais do caso jurídico em que se encontra implicada e expor suas razões de modo tranquilo e ordenado: a presença ao lado da parte, de um patrocinador desapaixonado e sereno que, examinando o caso com a distanciada objetividade do estudioso independente e a perturbação de rancores pessoais, está em condições de selecionar com calma e ponderação os argumentos mais eficazes à finalidade proposta, garantindo à parte uma defesa mais razoável e própria e, portanto, mais persuasiva e eficaz que a que poderia ela mesmo fazer. Do ponto de vista técnico, a importância do patrocínio é paralela à progressiva complicação da leis escritas e à especialização cada vez maior da ciência jurídica.

Para Calamandrei, a presença dos patrocinadores representa, antes de tudo, ao interesse privado da parte, a qual, confiado ao expert, não só o oficio de expor suas razões, mas também o de cumprir os atos processuais, escapa dos perigos da própria inexperiência e consegue o duplo fim de não incorrer em erros, de forma a ser mais defendida em sua subsistência e ao interesse público, quando favorece a parte, em que os juízes ao invés de se encontrarem em contato com os defensores técnicos, tivessem de tratar diretamente com os litigantes, desconhecedores do procedimento, incapazes de expor com clareza suas pretensões, perturbados com a paixão ou a timidez.

Se a parte optar por ser representada por advogado, deverá outorgar ao advogado o instrumento de mandato, que é a procuração, pois, sem esta, o advogado não poderá propor a ação ou ingressar nos autos (art. 37, primeira parte).

O mandato pode ser *ad judicia* ou *ad judicia et extra*. O mandato *ad judicia* é o instrumento que habilita o advogado para o foro em geral enquanto que o instrumento *ad judicia et extra* além de conferir poderes para o foro em geral, dá ao advogado poderes para representar as partes também em quaisquer repartições oficiais.

O advogado poderá propor a ação, a fim de evitar a decadência ou prescrição, ou intervir no processo em casos considerados urgentes, mesmo sem procuração, desde que no prazo de 15 dias exiba o instrumento de mandato, sendo permitido prorrogar por mais 15 dias, mediante despacho do juiz, sob pena de os atos praticados serem considerados por inexistentes (CPC, art. 37, parágrafo único).

Em decorrência do instrumento de mandato outorgado, que é a procuração, o advogado poderá substabelecer com ou sem reserva de poderes à outro advogado, conforme art. 26 da Lei n. 8.906/94 – Estatuto da OAB.

Antigamente o C. TST exigia o reconhecimento de firma da assinatura do outorgante conforme previa a Súmula n. 270, contudo, com o advento da Lei n. 8.952/94, tornou-se dispensável tanto para a outorga do instrumento do mandato quanto para o seu substabelecimento.

Estagiário

Apesar de o estagiário poder receber procuração em conjunto com advogado, ou por substabelecimento deste, e apesar de aprender na prática a subscrever, sob supervisão de um advogado, petições iniciais, contestações, réplicas, memoriais etc., no processo trabalhista, tais atos não podem ser praticados por ele, pois são atos privativos dos advogados devidamente habilitados.

A Lei n. 8.906/94, que limita sobre os direitos e deveres dos advogados e estagiários, tem proibido a atuação do estagiário em audiência. Apesar de alguns entendimentos contrários sob a participação do estagiário em audiência em decorrência do art. 791 § 1º da CLT, o entendimento majoritário é de que a lei em epígrafe deve prevalecer por tratar-se de lei federal.

Assim, apesar das limitações, para que o estagiário possa exercer os atos que lhe são autorizados, deve estar munido de sua carteira de habilitação, cuja inscrição é feita diretamente na Ordem dos Advogados do Brasil, correspondente à sua subscrição.

O dever de lealdade, veracidade e boa-fé das partes e de seus procuradores

Antigamente entendia-se que o advogado, como auxiliar da Justiça, tinha o dever de agir com lealdade, porém, o Código de Processo Civil de 1973 inovou esta regra, de que o princípio da lealdade se estenderia também às partes envolvidas na demanda, transformando o dever moral em obrigação legal.

Não podem as partes alegar fatos que conscientemente sabem que não existiram ou existem; não podem agir de forma maliciosa ou dolosa com intuito de prejudicar a celeridade processual; não deve a parte ou seu procurador procrastinar o andamento processual, apoiando-se em teses que não têm sustentação jurídica, como no caso de interposição de Embargos Declaratórios meramente protelatórios; não deve valer-se de provas imprestáveis ao esclarecimento dos fatos controvertidos e ainda, devem as partes e seus procuradores cumprir imediatamente as decisões judiciais, as liminares de tutelas antecipadas concedidas etc.

O art. 15 do mesmo diploma legal restringe às partes e aos seus advogados, outro dever processual: "é defeso às partes e seus advogados empregar expressões injuriosas nos escritos apresentados no processo, cabendo ao juiz, de ofício ou a requerimento do ofendido, mandar riscá-las". Parágrafo único: "Quando as expressões injuriosas forem proferidas em defesa oral, o juiz advertirá o advogado que não as use, sob pena de lhe ser cassada a palavra".

Litigância de má-fé

Os deveres das partes e de todas as pessoas que de qualquer forma participam do processo estão previstos no art. 79 do NCPC, ressaltando que o principal desses deveres é o de que as partes procedam no processo com lealdade e boa-fé.

Da Responsabilidade das Partes por Dano Processual

Art. 79. Responde por perdas e danos aquele que litigar de má-fé como autor, réu ou interveniente.

Art. 80. Considera-se litigante de má-fé aquele que:

I – deduzir pretensão ou defesa contra texto expresso de lei ou fato incontroverso;

II – alterar a verdade dos fatos;

III – usar do processo para conseguir objetivo ilegal;

IV – opuser resistência injustificada ao andamento do processo;

V – proceder de modo temerário em qualquer incidente ou ato do processo;

VI – provocar incidente manifestamente infundado;

VII – interpuser recurso com intuito manifestamente protelatório.

Art. 81. De ofício ou a requerimento, o juiz condenará o litigante de má-fé a pagar multa, que deverá ser superior a um por cento e inferior a dez por cento do valor corrigido da causa, a indenizar a parte contrária pelos prejuízos que esta sofreu e a arcar com os honorários advocatícios e com todas as despesas que efetuou.

§ 1º Quando forem 2 (dois) ou mais os litigantes de má-fé, o juiz condenará cada um na proporção de seu respectivo interesse na causa ou solidariamente aqueles que se coligaram para lesar a parte contrária.

§ 2º Quando o valor da causa for irrisório ou inestimável, a multa poderá ser fixada em até 10 (dez) vezes o valor do salário-mínimo.

§ 3º O valor da indenização será fixado pelo juiz ou, caso não seja possível mensurá-lo, liquidado por arbitramento ou pelo procedimento comum, nos próprios autos.

Mandato tácito e *apud acta*

Já vimos que as partes possuem o *jus postulandi* previsto no art. 791 da CLT, plenamente em vigor na justiça do trabalho e ainda, que o art. 791 §1º da mesma norma, faculta ao empregado e empregador fazer-se representar por advogado.

Vimos também que, sendo as partes representadas por advogado, estas devem conferir-lhes poderes de atuação em seus nomes, por meio de mandato, que pode ser *ad judicia* que é o instrumento que habilita o advogado para atuar no foro em geral ou *ad judicia et extra* que, além de conferir poderes para o foro em geral, dá ao advogado poderes para representar as partes também em quaisquer repartições oficiais.

Entretanto, tem sido admitido na justiça do trabalho o mandato tácito e *apud acta*.

Sérgio Pinto Martins, Direito processual do trabalho, p. 200, esclarece que a origem do mandato tácito encontra-se no Direito Romano, em que havia o *manudatum*, em que as partes contratantes davam-se as mãos e apertavam-nas, evidenciando a concessão e a aceitação do mandato. Era a formalização, a aceitação e a promessa de fidelidade no cumprimento da incumbência.

O mandato tácito ocorre com o comparecimento da parte em audiência acompanhado de seu advogado, sem procuração, presumindo-se que foi outorgada procuração tácita ao advogado pelo cliente. Entretanto, se outra pessoa diversa daquela que detém o mandato tácito, praticar atos no processo, estes serão considerados como inexistentes.

O mandato tácito tem previsão legal na Súmula n. 164 do Colendo Tribunal Superior do Trabalho que expressa:

> Súmula 164. PROCURAÇÃO – JUNTADA – NOVA REDAÇÃO. "O não cumprimento das determinações dos §§ 1º e 2º do art. 5º da Lei n. 8.906, de 04.07.1994 e do art. 37, parágrafo único, do Código de Processo Civil importa o não reconhecimento de recurso, por inexistente, exceto na hipótese de mandato tácito".

Todavia, o mandato tácito só alcança os poderes para o foro geral chamados de *ad judicia*, pois os poderes especiais referidos no art. 38 do CPC devem ser outorgados mediante mandato expresso.

No mandato expresso, a parte deverá indicar os poderes que concede ao procurador, ou seja, se ele pode receber a citação inicial, reconhecer a procedência do pedido, desistir, renunciar, receber e dar quitação de débito, firmar compromisso etc.

Atualmente não mais se exige o reconhecimento de firma da assinatura do outorgante na procuração *ad juditia*, pois a redação dada pela Lei n. 8.952/94 ao artigo 38 do CPC eliminou essa exigência.

Renato Saraiva, p. 229, entende que as expressões mandato tácito e *apud acta* não se confundem, pois, para o doutrinador o mandato tácito é formado em função do comparecimento do causídico à audiência, representando qualquer das partes e praticando atos processuais, constando seu nome na ata de audiência. A procuração *apud acta* é conferida pelo juiz em audiência, mediante ato formal, solene, devidamente registrado na ata de audiência.

Renato Saraiva, ainda menciona mesma posição trazida pelo C. Tribunal Superior do Trabalho ao editar a seguinte jurisprudência, *in verbis*:

> "MANDATO TÁCITO – PROCURAÇÃO *APUD ACTA* – CARACTERIZAÇÃO – O mandato tácito previsto no Enunciado 164 do TST configura-se validamente com o comparecimento do advogado da parte em audiência, juntamente com ela ou com seu representante legal, sendo desnecessário, quando o empregador estiver representado por preposto, que este, além do credenciamento usual, tenha recebido poderes especiais para outorgar procuração a advogado. O mandato tácito, outrossim, não se confunde com o mandato *apud acta*, que se constitui em juízo de forma solene. Recurso de Revista provido". (TST – 3ª T. – RR 276027/1996 – Rel. Min. Manoel Mendes de Freitas – DJU 27.02.1998, p. 00129).

Destacamos, ainda, outros entendimentos do C. TST e alguns Tribunais Regionais no que tange a mandato, substabelecimento e procuração:

Súmula n. 383 MANDATO. ARTS. 13 E 37 DO CPC. FASE RECURSAL. INAPLICABILIDADE (conversão das Orientações Jurisprudenciais n. s 149 e 311 da SB-DI-1) – Res. 129/2005, DJ 20, 22 e 25.04.2005

I – É inadmissível, em instância recursal, o oferecimento tardio de procuração, nos termos do art. 37 do CPC, ainda que mediante protesto por posterior juntada, já que a interposição de recurso não pode ser reputada ato urgente. (ex-OJ n. 311 da SBDI-1 – DJ 11.08.2003)

II – Inadmissível na fase recursal a regularização da representação processual, na forma do art. 13 do CPC, cuja aplicação se restringe ao Juízo de 1º grau. (ex-OJ n. 149 da SBDI-1 – inserida em 27.11.1998)

Súmula n. 395 MANDATO E SUBSTABELECIMENTO. CONDIÇÕES DE VALIDADE (conversão das Orientações Jurisprudenciais n. s 108, 312, 313 e 330 da SB-DI-1) – Res. 129/2005, DJ 20, 22 e 25.04.2005

I – Válido é o instrumento de mandato com prazo determinado que contém cláusula estabelecendo a prevalência dos poderes para atuar até o final da demanda. (ex-OJ n. 312 da SBDI-1 – DJ 11.08.2003)

II – Diante da existência de previsão, no mandato, fixando termo para sua juntada, o instrumento de mandato só tem validade se anexado ao processo dentro do aludido prazo. (ex-OJ n. 313 da SBDI-1 – DJ 11.08.2003)

III – São válidos os atos praticados pelo substabelecido, ainda que não haja, no mandato, poderes expressos para substabelecer (art. 667, e parágrafos, do Código Civil de 2002). (ex-OJ n. 108 da SBDI-1 – inserida em 01.10.1997)

IV – Configura-se a irregularidade de representação se o substabelecimento é anterior à outorga passada ao substabelecente. (ex-OJ n. 330 da SBDI-1 – DJ 09.12.2003)

OJ da SBDI-1 n. 286 AGRAVO DE INSTRUMENTO. TRASLADO. MANDATO TÁCITO. ATA DE AUDIÊNCIA. CONFIGURAÇÃO (DJ 11.08.2003)

A juntada da ata de audiência, em que está consignada a presença do advogado do agravado, desde que não estivesse atuando com mandato expresso, torna dispensável a procuração deste, porque demonstrada a existência de mandato tácito.

"RECURSO. IRREGULARIDADE DE REPRESENTAÇÃO. ADVOGADO SEM PROCURAÇÃO NOS AUTOS. COMPARECIMENTO EM UMA AUDIÊNCIA. MANDATO TÁCITO. Embora o advogado que subscreve o recurso não tenha procuração nos autos, o fato de ter acompanhado o réu em uma das audiências configura o mandato tácito e afasta a irregularidade de representação". (TRT 12ª Região – 3ª Turma – RO 01552-2006-054-12-00-5 – Juíza Gisele P. Alexandrino – Publicado no TRTSC/DOE em 20.11.2008).

IRREGULARIDADE DE REPRESENTAÇÃO. A representação da parte em juízo por advogado exige legitimação processual corporificada em mandato regular, salvo na hipótese de mandato tácito – definido como a aceitação, pela parte, dos atos praticados em seu nome e em sua presença pelo advogado que a acompanha em audiência. A ausência de procuração nos autos outorgando poderes ad judicia ao advogado subscritor da peça recursal e a não-configuração do mandato tácito implicam o não-conhecimento do recurso, por inexistente (Súmula n. 164 do TST)..(TRT 12ª Região – 3ª Turma – RO 00593-2006-042-12-00-4 – Juiz Gilmar Cavalieri – Publicado no TRTSC/DOE em 03.09.2008).

Nos termos no art. 45 do CPC, a qualquer tempo poderá o advogado renunciar o mandato, desde que prove que notificou o mandante a fim de que esta possa nomear outro substituto. Durante os dez dias seguintes, o advogado continuará a representar o mandante, se necessário for, para lhe evitar prejuízos.

Substituição processual

É a possibilidade daquele que tem legitimidade processual, ingressar em juízo para postular, em nome próprio, direito de outrem, desde que autorizado por lei.

Sérgio Pinto Martins, p. 211, menciona que Emilio Betti já via no Direito Romano o instituto da substituição processual, como, por exemplo, no cognitor, no procurador, no defensor, no tutor e no curador.

Cita, ainda que, Kohler foi um dos primeiros juristas a estudar os casos em que alguém ingressava em juízo para postular, em nome próprio, direito alheio, nas hipóteses previstas na lei.

Assim, em algumas situações extraordinárias a lei permite que a parte seja substituída por outra pessoa que figure no processo em nome próprio, porém, defendendo direito alheio.

Portanto, para Nelson Nery Junior, Código de Processo Civil comentado, p. 388, dá-se, pois, a legitimação extraordinária quando aquele que tem legitimidade para estar no processo como parte não é o mesmo que se diz titular do direito material discutido em juízo.

A substituição processual, portanto, conforme muito bem esclarecido por Renato Saraiva, p.235, confere à parte legitimidade extraordinária, podendo o substituto praticar todos os atos processuais, como a apresentação da petição inicial, da defesa, produção de provas, interposição de recursos etc., não lhe sendo dado, contudo, o direito de transigir, renunciar ou de reconhecer o pedido, uma vez que o direito material não lhe pertence, e sim ao sujeito da lide, ao substituído.

Antes da Constituição Federal de 1988 a substituição processual pelo sindicato era restrita às hipóteses previstas no ordenamento jurídico vigente, tais como aquelas descritas no art. 195, § 2º, art. 872, parágrafo único, ambos da CLT e Leis 6.708/1979, art. 3ª, § 2º e 7.238/1984, art. 3º, § 2º todos especificamente prevendo a interposição de reclamações trabalhistas promovidas pelo sindicato profissional postulando direito dos substituídos.

Com a promulgação do art. 8º, III da CF/88 que previu caber ao sindicato a defesa dos direitos e interesses coletivos ou individuais da categoria, inclusive em questões judiciais e administrativas, surgiu-se grande divisão doutrinária, sendo que a primeira entende que o texto legal, consagra de forma ampla e irrestrita a substituição aos sindicatos, e a segunda vê nele simples reprodução do art. 513, *a*, da CLT, ou seja, uma interpretação restritiva à substituição pelo ente sindical, com o que a substituição processual continuaria a depender de expressa previsão na lei.

Entretanto, antes de chegarem ao consenso, o legislador editou novos textos legais regulamentando a substituição processual, quais sejam, a Lei n. 7.788/1989 que autorizava as entidades sindicais a atuar como substitutos processuais da categoria, não tendo eficácia a desistência, a renúncia e transação individuais, que foi inteiramente revogada pelo art. 14 da Lei n. 8.030/90, Lei n. 8.036/90 que autorizava o sindicato profissional a ajuizar reclamação trabalhista acionando diretamente a empresa, para compeli-la a efetuar o depósito das importâncias devidas a título de FGTS em autêntica hipótese de substituição processual, e Lei n. 8.073/90 que não versa sobre matéria alguma, estabelecendo em seu art. 3º, que as entidades sindicais poderão atuar como substitutos processuais dos integrantes da categoria.

O Tribunal Superior do Trabalho adotava o posicionamento da segunda corrente, porém, em sentido oposto o Supremo Tribunal Federal, vem decidindo que o art. 8º, III da CF confere às entidades sindicais legitimação extraordinária para agir em nome próprio na tutela dos interesses dos integrantes da categoria que representam, tanto nas ações de conhecimento como na liquidação e nas execuções às sentenças trabalhistas.

Neste sentido, colacionamos dois julgados do Excelso STF:

EMENTA: AGRAVO REGIMENTAL NO RECURSO EXTRAORDINÁRIO. TRABALHISTA. MATÉRIA PROCESSUAL. OFENSA INDIRETA. SINDICATO. ARTIGO 8º, III, DA CB/88. PRECEDENTE DO PLENÁRIO. 1. Prevalece neste Tribunal o entendimento de que a interpretação da lei processual na aferição dos requisitos de admissibilidade dos recursos trabalhistas tem natureza infraconstitucional. Eventual ofensa à Constituição só ocorreria de forma indireta. 2. A jurisprudência deste Tribunal fixou-se no sentido de que o preceito inscrito no inciso III do artigo 8º da Constituição do Brasil assegura a ampla legitimidade ativa *ad causam* dos sindicatos como substitutos processuais das categorias que representam. Precedentes. Agravo regimental a que se nega provimento. (STF RE-AgR 591533 / DF – DISTRITO FEDERAL – Relator (a): Min. EROS GRAU Órgão Julgador: Segunda Turma– Publicado no DJ em 24.10.2008).

EMENTA: PROCESSO CIVIL. SINDICATO. ART. 8º, III DA CONSTITUIÇÃO FEDERAL. LEGITIMIDADE. SUBSTITUIÇÃO PROCESSUAL. DEFESA DE DIREITOS E INTERESSES COLETIVOS OU INDIVIDUAIS. RECURSO CONHECIDO E PROVIDO. O artigo 8º, III da Constituição Federal estabelece a legitimidade extraordinária dos sindicatos para defender em juízo os direitos e interesses coletivos ou individuais dos integrantes da categoria que representam. Essa legitimidade extraordinária é ampla, abrangendo a liquidação e a execução dos créditos reconhecidos aos trabalhadores. Por se tratar de típica hipótese de substituição processual, é desnecessária qualquer autorização dos substituídos. Recurso conhecido e provido. (STF RE 210029/ RS – Rio Grande do Sul – Recurso Extraordinário – Relator: Min. Carlos Velloso – Órgão Julgador Tribunal Pleno – Publicado no DJ em 17.08.2007).

O Tribunal Superior do Trabalho, curvando-se ao posicionamento do Excelso STF, por meio da Resolução n. 119/2003 (DJ 01.10.2003), cancelou o antigo Enunciado 310, que impedia a substituição processual ampla e irrestrita pelos entes sindicais, não mais havendo, portanto, a necessidade de arrolar na petição inicial os substituídos, conforme exigia-se.

A partir disso o TST editou a Orientação Jurisprudencial n. 121, da SDI-I, com redação dada pela Res. n. 129/2005, DJ 20.04.2005 que reconhece:

> "OJ da SDI-I n. 121 SUBSTITUIÇÃO PROCESSUAL. DIFERENÇA DO ADICIONAL DE INSALUBRIDADE. LEGITIMIDADE (nova redação) – DJ 20.04.2005. O sindicato tem legitimidade para atuar na qualidade de substituto processual para pleitear diferença de adicional de insalubridade".
>
> Histórico:
>
> Redação original – Inserida em 20.11.1997
>
> 121. Substituição processual. Diferença do adicional de insalubridade. Legitimidade. O sindicato, com base no § 2º, do art. 195 da CLT, tem legitimidade para atuar na qualidade de substituto processual para pleitear diferença de adicional de insalubridade.

O TST também vem admitindo a substituição processual passiva quando o sindicato figura como réu, na ação rescisória proposta em face de decisão proferida em processo no qual tenha atuado, nessa qualidade, no polo ativo da demanda originária, conforme prescreve a Súmula n. 406 do TST, *in verbis*:

> Súmula n. 406 AÇÃO RESCISÓRIA. LITISCONSÓRCIO. NECESSÁRIO NO PÓLO PASSIVO E FACULTATIVO NO ATIVO. INEXISTENTE QUANTO AOS SUBSTITUÍ-DOS PELO SINDICATO (conversão das Orientações Jurisprudenciais ns. 82 e 110 da SBDI-2) – Res. 137/2005, DJ 22, 23 e 24.08.2005
>
> (...)
>
> II – O Sindicato, substituto processual e autor da reclamação trabalhista, em cujos autos fora proferida a decisão rescindenda, possui legitimidade para figurar como réu na ação rescisória, sendo descabida a exigência de citação de todos os empregados substituídos, porquanto inexistente litisconsórcio passivo necessário. (ex-OJ n. 110 da SBDI-2 – DJ 29.04.2003)

Além disso, na substituição processual do Direito Civil o substituto satisfaz seu interesse por meio da satisfação do direito do substituído, seja ele credor original ou o marido, o condômino, o acionista etc.

Ao passo que na substituição trabalhista o sindicato não atua em defesa de direito público, mas defende o interesse privado dos integrantes da categoria que representa; não cria vinculação jurídica resultante do direito discutido entre o sindicato e os membros da categoria; não satisfaz interesse próprio, mas apenas cumpre sua missão precípua de defender os interesses e direitos dos integrantes da categoria e principalmente porque ao contrário do que ocorre no processo comum, a substituição, no processo trabalhista, é concorrente e primária, ou seja, características novas e próprias que só são encontradas no processo do trabalho.

Considera-se como principal característica na substituição trabalhista a despersonalização do trabalhador-reclamante, evitando-se o atrito que pode ocorrer entre empregado e empregador, mormente quando o primeiro ainda está trabalhando na empresa, como nos casos em que o empregado pleiteia na justiça o pagamento, pela empresa, do adicional de insalubridade ou periculosidade a que considera estar exposto.

Sérgio Pinto Martins, destaca que a substituição processual tem três características, pois considera que ela é autônoma, concorrente e primária.

Autônoma, porque o substituído por ser titular do direito material pode integrar a lide como assistente litisconsorcial, desistir da ação, transacionar e renunciar ao direito, independentemente da anuência do sindicato.

O substituído pode desistir da ação antes de a sentença transitar em julgado. Depois dessa fase deverá desistir ou renunciar ao direito à execução do julgado.

O CPC no Art. 200, determina:

> "Os atos das partes consistentes em declarações unilaterais ou bilaterais de vontade produzem imediatamente a constituição, modificação ou extinção de direitos processuais.
>
> Parágrafo único. A desistência da ação só produzirá efeitos após homologação judicial."

Concorrente, porque não é exclusiva, nada impedindo o substituto de ser parte, ajuizando a ação, ou de assumir o polo ativo da ação como assistente litisconsorcial.

Primária, porque o substituto não precisa aguardar a inércia do substituído em propor a ação.

É importante esclarecer que não caberá utilização da substituição processual para questões que versem prova individual para cada substituído, como exemplo a questão de horas extras, tampouco é necessário a juntada de procuração de casa substituído conforme art. 72 parágrafo único da CLT, pois, havendo juntada de procuração dos substituídos, existirá representação e não substituição processual. Se o sindicato atuar em juízo por advogado, este deverá ter procuração do sindicato.

O sindicato será obrigado a convocar assembléia para ajuizar a ação como substituto processual, pois os pronunciamentos sobre dissídios do trabalho dependem de assembléia geral. Entretanto, o sindicato não precisa avisar o empregado de que a ação está sendo proposta, pois a lei não exige o referido requisito.

Sucessão processual

A sucessão processual poderá ocorrer por ato *inter vivos* ou *causa mortis*, em relação a pessoas físicas ou jurídicas. No caso do empregado ou empregador que falecer, seus direitos e deveres trabalhistas são transferidos ao sucessor, que é o inventariante do espólio, enquanto que no caso de pessoa jurídica, ocorre o que chamamos de "sucessão de empresas".

A sucessão processual ocorrerá no curso da ação, pois, se o empregado falecer antes do ajuizamento da ação, por exemplo, não haverá sucessão processual, mas propositura da ação diretamente pelos sucessores.

Em tese, o espólio, por meio do inventariante nomeado pelo juiz, assumirá o polo ativo ou passivo da ação. Contudo, conforme ensinamentos de Sérgio Pinto Martins, p. 211, normalmente, se o empregado não deixa bens ou tem filhos maiores não há porque se falar em inventário. Nesses casos, tem-se entendido que a viúva e os filhos ingressarão no polo ativo da ação em curso, mediante apresentação da certidão de casamento e nascimento dos filhos ou por meio de certidão do INSS que comprove dependência das pessoas anteriormente mencionadas. Não havendo qualquer impugnação da reclamada, o fato é tolerado.

Neste mesmo sentido dispõe a jurisprudência do Egrégio Tribunal Regional do Trabalho da 2ª Região, *in verbis*:

> MORTE DO EMPREGADO-RECLAMANTE. SUCESSÃO PROCESSUAL. APLICAÇÃO DA LEI 6.830/80. VALIDADE DO ACORDO CELEBRADO. A sucessão *causa mortis* do reclamante é regida pela Lei n. 6.830/80, sendo devidas as verbas trabalhistas aos dependentes habilitados perante a Previdência Social, eis que nenhuma distinção se verifica no art. 1º da lei supramencionada. Aplica-se, ainda, o disposto nos arts.662 e 689 do Código Civil, quanto à possibilidade de ratificação do acordo celebrado posteriormente ao óbito quando o advogado não tem conhecimento deste fato. (TRT 2ª Região – Acórdão 20070846469 – 12ª Turma – Juiz Relator ADALBERTO MARTINS – publicado no DOE/SP em 19.10.2007).

> REPRESENTAÇÃO PROCESSUAL. MORTE DO RECLAMANTE. O escopo teleológico do legislador, ao formular o art. 265, § 1º, alínea "*b*" do Código de Processo Civil é a aproveitabilidade dos atos praticados diante do infortúnio incontornável que é o óbito da parte. Assim, ocorrido o falecimento do autor quando já iniciada a fase de instrução, o feito prosseguirá até a prolação e publicação da sentença, oportunidade em que será permitida aos sucessores a regularização da representação. (TRT 2ª Região – Acórdão 20040705581 – 4ª Turma – Juiz Relator Paulo Augusto Câmara – publicado no DOE/SP em 14.01.2005).

Assim, como esclarece Carlos Henrique Bezerra Leite, p. 424, tratando-se de "pequenas heranças", a Lei n. 6.858/80, permite que os "dependentes econômicos" do empregado falecido possam receber, por meio de alvará judicial, as suas respectivas cotas de salários, saldos salariais, férias, décimo terceiro salário, FGTS etc., relativas ao extinto contrato de trabalho, independentemente de inventário ou arrolamento. São dependentes perante essa modalidade de sucessão processual os beneficiários do *de cujus* perante a Previdência Social (art. 16 da Lei n. 8.213/91).

Todavia, se houver necessidade de inventário, em face da existência de bens do falecido ou de filhos menores, o processo laboral deverá ser suspenso até a nomeação de inventariante e só após sua habilitação incidente nos autos, é que o processo volta ao seu curso normal conforme arts. 265, I, 1.055 e 1.062 todos do Código de Processo Civil.

Em relação à empresa, não é necessário que se aguarde inventário de seus proprietários, pois, o empregador, além de poder ser substituído por qualquer preposto, a lei assegura os direitos dos trabalhadores conforme artigos 10 da CLT:

"Art. 10-A. O sócio retirante responde subsidiariamente pelas obrigações trabalhistas da sociedade relativas ao período em que figurou como sócio, somente em ações ajuizadas até dois anos depois de averbada a modificação do contrato, observada a seguinte ordem de preferência:

I – a empresa devedora;

II – os sócios atuais; e

III – os sócios retirantes.

Parágrafo único. O sócio retirante responderá solidariamente com os demais quando ficar comprovada fraude na alteração societária decorrente da modificação do contrato."

"Art. 11. A pretensão quanto a créditos resultantes das relações de trabalho prescreve em cinco anos para os trabalhadores urbanos e rurais, até o limite de dois anos após a extinção do contrato de trabalho.

I – (revogado);

II – (revogado).

....

§ 2º Tratando-se de pretensão que envolva pedido de prestações sucessivas decorrente de alteração ou descumprimento do pactuado, a prescrição é total, exceto quando o direito à parcela esteja também assegurado por preceito de lei.

§ 3º A interrupção da prescrição somente ocorrerá pelo ajuizamento de reclamação trabalhista, mesmo que em juízo incompetente, ainda que venha a ser extinta sem resolução do mérito, produzindo efeitos apenas em relação aos pedidos idênticos." (NR)

"Art. 11-A. Ocorre a prescrição intercorrente no processo do trabalho no prazo de dois anos.

§ 1º A fluência do prazo prescricional intercorrente inicia-se quando o exequente deixa de cumprir determinação judicial no curso da execução.

§ 2º A declaração da prescrição intercorrente pode ser requerida ou declarada de ofício em qualquer grau de jurisdição."

Logo, no caso acima, não há que se falar em sucessão, entretanto, se o empregador for pessoa física, haverá necessidade de se constatar a sucessão por meio de inventário.

Outra questão é a chamada despersonalização do proprietário da empresa, pois, se a sucessão de empresas ocorrer antes do ajuizamento da ação trabalhista pelo empregado, a empresa sucessora será legitimada passiva para a lide, porém, se a sucessão ocorrer no curso do processo, a empresa sucessora será integralmente responsável pelos débitos trabalhistas, pois, os contratos de trabalho vinculam-se à empresa e não ao seu proprietário.

Frise-se que o artigo 483, § 2º da CLT estabelece que em caso de morte do empregador, não implica necessariamente a extinção do contrato de trabalho, pois, é facultado ao empregado permanecer no emprego ou rescindir o contrato, tendo em vista que a atividade econômica pode continuar a ser desenvolvida pelos herdeiros sucessores.

Sobre a cessão de créditos trabalhistas a Corregedoria do C. TST por meio do Provimento n. 6, de 12.12.2000, vedou tal espécie de negócio jurídico entre empregado e terceiro que não figure como sujeito da lide. No entanto, o art. 83, § 4º, da Lei n. 11.101/2005 (nova Lei de Falências) permite a cessão de créditos trabalhistas, apenas alterando que "os créditos trabalhistas cedidos a terceiros serão considerados quirografários". Ademais, esta permissão foi amparada pela EC n. 45/2004, pois ampliou a competência da Justiça do Trabalho, permitindo que a sucessão processual, nos moldes da lei civil de ritos, também seja aplicada nas demandas oriundas das relações de trabalho distintas da relação de emprego.

Litisconsórcio

O litisconsórcio significa a pluralidade de pessoas demandantes ou demandadas numa única ação. Esta pluralidade tanto pode ser de autores, quanto de réus ou ainda, autores e réus ao mesmo tempo.

Sérgio Pinto Martins, p. 220, define litisconsórcio como sendo uma aglutinação de pessoas em um ou em ambos os polos da reclamação processual, de maneira ordinária ou superveniente, voluntária ou coacta, nos casos previstos em lei.

O litisconsórcio pode ser classificado da seguinte forma:

1. Quanto ao momento de sua constituição: litisconsórcio originário ou inicial e litisconsórcio superveniente. Sendo formado no início dá-se o litisconsórcio inicial; se formado no curso da relação jurídica processual dá-se o litisconsórcio superveniente.

2. Quanto à necessidade ou não de sua constituição: litisconsórcio necessário (ou indispensável) e litisconsórcio facultativo (ou dispensável). Litisconsórcio necessário é formado por força de determinação legal, quando a prolação da sentença depender da presença no processo de todas as pessoas legitimadas. Assim, será necessário quando a presença dos litisconsortes for essencial para a prestação da tutela jurisdicional pelo Estado. No âmbito laboral Renato Saraiva, p. 255, cita como exemplo a propositura pelo Ministério Público do Trabalho de ação anulatória de cláusula convencional, em que ambos os sindicatos convenentes, necessariamente, integrarão o polo passivo da demanda.

2.1 Litisconsórcio facultativo – está relacionado à vontade das partes. O litisconsórcio facultativo deve ser formado sempre no momento da propositura da ação, não se admitindo formação posterior, o que representaria, se materializado, o desrespeito ao princípio do juiz natural.

Sérgio Pinto Martins, p. 222 destaca algumas exigências para a formação do litisconsórcio facultativo:

- Deve haver uma mesma relação material entre as partes envolvidas, que possuam os mesmos direitos e obrigações a serem cumpridos, quanto ao conflito de interesses;

- Os direitos ou as obrigações derivam de um mesmo fundamento de fato ou de direito, como ocorre se vários empregados forem demitidos por justa causa sob a pecha de ato de improbidade;

- Deve haver entre as causas conexão, ou pelo objeto ou pela causa de pedir conforme art. 842 da CLT.

Se o número de litigantes for excessivo, o juiz poderá limitar o litisconsórcio facultativo, para não comprometer a rápida solução do litígio ou dificultar a defesa. Há, porém, necessidade de pedido. Este pedido de limitação interrompe o prazo da defesa, caso a determinação seja feita em audiência, sendo necessário ser designada nova audiência para esse fim.

3. Quanto à posição das partes na relação processual: litisconsórcio ativo, passivo ou misto. Segundo Carlos Henrique Bezerra Leite, p. 395, ocorre o litisconsórcio ativo quando duas ou mais pessoas se reúnem para ajuizar uma ação em face de uma única pessoa. Se uma só pessoa ajuizar ação em face de duas ou mais pessoas, estaremos diante do litisconsórcio passivo. Finalmente, se duas ou mais pessoas ajuízam ação em face de duas ou mais pessoas, teremos aí o litisconsórcio misto.

4. Quanto à natureza da decisão: litisconsórcio simples e litisconsórcio unitário. O litisconsórcio será unitário quando a decisão da causa for,

obrigatoriamente, uniforme para todos os litisconsortes, como no exemplo já mencionado de propositura de ação anulatória de cláusula convencional proposta pelo Ministério Público do Trabalho em face dos entes sindicais convenentes.

No litisconsórcio simples, também chamado de comum, a decisão não será necessariamente uniforme para todos os litisconsortes, existindo a possibilidade de decisões divergentes em relação a cada um dos litisconsortes.

Neste sentido, há exceções facultadas pela própria lei e o doutrinador Wagner D. Giglio, p. 112 exemplifica algumas delas, quais sejam:

a) A primeira delas se refere ao litisconsórcio unitário, se a decisão deve ser a mesma para todos, os atos benéficos a um aproveitam aos demais litisconsortes.

b) Embora a confissão de um não prejudique os outros litisconsortes, as outras "provas apresentadas por quaisquer deles podem beneficiar, mas podem também prejudicar do demais. Isso se deve à circunstância de que as provas são do *juízo*, não importando a quem coube a iniciativa de apresentá-las. É o chamado princípio da comunhão da prova, que prevalece no direito moderno".

c) Para Wagner Giglio, a mais importante das exceções é a editada pelo art. 509 do Código de Processo Civil: "O recurso interposto por um dos litisconsortes a todos aproveita, salvo se distintos ou opostos os seus interesses".

O art. 842 da CLT é expresso em dispor:

"Sendo várias as reclamações e havendo identidade de matéria, poderão ser acumuladas num só processo, se se tratar de empregados da mesma empresa ou estabelecimento".

Esta cumulação pode ser objetiva ou subjetiva.

Na cumulação objetiva o réu sofre diversos pedidos, como por exemplo, aqueles em que o empregado pleiteia numa eventual reclamação trabalhista, quais sejam, 13º salário, aviso prévio, férias com o acréscimo de 1/3 etc.

Os pedidos especiais, quando contestados, assumem o rito ordinário.

Dentro da cumulação objetiva, poderá haver a cumulação simples, cumulação sucessiva e cumulação alternativa dos pedidos. Conforme explica Sérgio Pinto Martins, p. 221, dá-se a cumulação simples quando os pedidos, ainda que não estejam interrelacionados por qualquer motivo, são compatíveis entre si, como nos casos em que ocorre a cumulação de horas extras, adicional de insalubridade, que apesar de não se relacionarem, são compatíveis de serem postulados na mesma ação.

No pedido de reintegração no emprego ou indenização, o segundo pedido só poderá ser apreciado, se o empregado não puder ser reintegrado.

A cumulação alternativa ocorre quando forem feitos dois ou mais pedidos, em decorrência da narração dos fatos, embora só um possa ser acolhido. Manoel Antonio Teixeira Filho (1991:78) adverte que não se confunde cumulação alternativa com pedido alternativo. "Aqui, o pedido é um só, a despeito de ser formulado com base em obrigação alternativa, ao passo que, lá, a obrigação é uma, mas vários são os pedidos".

Na cumulação subjetiva, não há cumulação de pedidos, mas a cumulação de partes no processo. Ou seja, vários empregados compõem o polo ativo da ação ao ingressarem na justiça em face do empregador para pleitear direito específico, como exemplo, os empregados que pleiteiam o pagamento do adicional de periculosidade, por trabalharem em local perigoso.

Amauri Mascaro Nascimento, p. 384 diferencia a cumulação subjetiva do litisconsórcio. Para o doutrinador, este é, de certo modo uma cumulação subjetiva, isto é, uma reunião de demandantes ou demandados no mesmo processo, enquanto aquela é reunião de processos em razão do objeto, ainda que não sejam exatamente as mesmas as partes e como medida de unificação de decisões iguais.

Exemplifique-se com a reunião de reclamações contra a mesma empresa movidas em Vara diferentes da mesma localidade por diferentes trabalhadores, discutindo-se adicional de insalubridade na mesma seção.

Valentin Carrion – Comentários à CLT e legislação complementar, 4. Edição, São Paulo, Saraiva p. 521 – resolve o problema do número de testemunhas a serem ouvidas quando há hipótese de cumulação de processos, da seguinte maneira:

> Nos dissídios individuais plúrimos, ou cumulação subjetiva de ações, os reclamantes que propuseram as ações conjuntamente renunciam a seu direito de ouvir três testemunhas para cada um deles.
>
> Se o juiz determina a unificação de várias reclamações, juntando os autos, e nada dizem os litisconsortes, renunciam igualmente àquele direito; mas nada obsta que a parte dê seu assentimento à proposta do adversário ou do juiz, condicionado à ouvida de número de testemunhas superior a três. Quando há mais de um réu, cada um deles pode apresentar até três testemunhas.

Entendemos que a hipótese de ação plúrima prevista no artigo 842 da CLT, não se aplica aos "trabalhadores", pois, a norma estabelece que este tipo de ação só é possível, se se tratar de empregados da mesma empresa ou estabelecimento.

Carlos Henrique Bezerra Leite, p. 396, ainda destaca: "Com a ampliação da competência da Justiça do trabalho para outras demandas distintas das oriundas da relação de emprego (CF, art. 114, I), cremos que em tais casos não haverá lugar para o dissídio individual plúrimo previsto no art. 842 da CLT. Em outros termos, quando os trabalhadores demandantes não forem empregados, é incabível o dissídio individual plúrimo, pois a literalidade da norma consolidada faz referência apenas a "empregados da mesma empresa ou estabelecimento". Adotando-se, porém, no que couber, o procedimento do processo trabalhista (TST, IN 27/2005).

É admitido o litisconsórcio passivo na Justiça do Trabalho, embora este instituto não esteja previsto na CLT, como nos casos de responsabilidade subsidiária, como ocorre nos casos de terceirização (TST, Súmula n. 331, IV) e empreitada (CLT, art. 455), ou solidária (CLT, art. 2º,§ 2º).

5

CONSEQUÊNCIAS E PROCEDIMENTOS

Vale ressaltar o texto abaixo, sobre o tema estudado, que encontra-se no endereço http://repensandodireito.blogspot.com/2007/11/aula-processo-civil-1-partes-e.html

1 – Conceito – parte é uma das pessoas que fazem o processo, segundo Humberto Theodoro Júnior, ou seja, sujeito da lide ou do negócio jurídico material (em sentido material) deduzido em juízo ou ainda sujeito do processo (sentido processual).

2 – Denominações das Partes:

a) Excipiente (autor) e Exceto (réu) quando litigantes num Processo de Exceção de Incompetência ou de Suspeição;

b) Reconvinte (autor) e Reconvindo (réu) quando litigantes num Processo de Reconvenção;

c) Recorrente (parte cuja sentença foi desfavorável) e Recorrido (parte cuja sentença foi favorável) quando litigantes em qualquer fase recursal;

d) Apelante (autor do recurso de apelação) e Apelado (parte contrária no recurso de apelação);

e) Agravante (autor do recurso de agravo de instrumento ou agravo regimental) e Agravado (parte contrária no recurso de agravo de instrumento ou agravo regimental);

f) Embargante (autor na Ação de Embargos à Execução, na Ação de Terceiro e no Recurso de Embargos de Declaração) e Embargado (parte contrária na Ação de Embargos à Execução, na Ação de Terceiro e no Recurso de Embargos de Declaração);

g) Denunciante (autor no Pedido de Denunciação à Lide) e Denunciado (réu no Pedido de Denunciação à Lide);

h) Denunciado (réu no Pedido de Denunciação à Lide);

i) Chamado (réu no Pedido de Chamamento ao Processo);

j) Assistente ou Interveniente (autor nos Pedidos de Intervenção de Terceiro, ou seja, Denunciação à Lide, Chamamento ao Processo, Oposição e Nomeação à Autoria); Obs.: Intervenção de Terceiros – é o fenômeno ou fato processual que ocorre toda vez que uma pessoa ingressa em juízo, na condição de parte ou auxiliar da parte, em processo que se encontra em trâmite envolvendo duas outras pessoas.

▶ Na intervenção de terceiro a parte requerente pode atuar no sentido de ampliar ou de modificar subjetivamente a relação processual. Neste caso, o terceiro interveniente pode atuar cooperando com uma das partes do processo em que ingressa, ou pode requerer a exclusão de uma delas ou de ambas as partes litigantes.

▶ É necessário ressaltar, também, que os requerimentos de intervenção podem ocorrer de forma espontânea ou de forma provocada.

Exemplo dos primeiros, temos a Oposição e Assistência.

▶ Pedido de Oposição – quando o terceiro pretende que sejam excluídos o autor e o réu, vez que estes estão disputando direito o qual seja titular.

▶ Pedido de Assistência – ocorre quando o terceiro ingressa em um processo com a intenção de defender o direito de uma das partes envolvidas no mesmo, vez que tenciona que uma delas saia vitoriosa. Por conseguinte, é fácil perceber que o Assistente assim procede porque tem interesse na preservação ou obtenção de uma situação jurídica de uma das partes envolvidas no processo, vez que poderá ter proveito com essa situação.

▶ O Pedido de Assistência, geralmente decorre da existência de uma relação jurídica entre o terceiro e uma das partes litigantes ou simplesmente da possibilidade da sentença vir influenciar na relação processual.

Desse modo:

1º) Quando o Assistente tem o interesse de auxiliar uma das partes litigantes a obter uma sentença favorável (interesse indireto) temos uma Assistência Simples (ver art. 50, do CPC);

2º) Quando o Assistente tem interesse de defender seu direito de forma direta contra uma das partes litigantes temos um caso de Assistência Litisconsorcial (ver o art. 54, do CPC).

Exemplo: João, titular de uma conta corrente do Banco do Brasil, com um saldo de R$100.000,00 (cem mil reais) e 1.000 (mil) semoventes, faleceu deixando 2 (dois) herdeiros, seus filhos Pedro e Thiago.

Pedro, sendo o filho mais velho, ajuizou ação de inventário. Acontece que, o Estado ajuizou execução fiscal contra o espólio de João. E Pedro, por sua vez ajuizou ação de embargos no interesse de defender o espólio de seu genitor. Contudo, Thiago também, interveio no processo de execução fiscal, trazendo a baila um comprovante de pagamento de 10% do valor do imposto cobrado. Documento que não havia sido apresentado por Pedro.

3. Casos de Requerimentos de Intervenção de Terceiros de forma Provocada:

a) Nomeação à Autoria – consiste em incidente no qual o mero detentor, quando demandado, indica aquele que é proprietário ou possuidor da coisa litigiosa, com o objetivo de transferir-lhe a posição de réu (ver art. 62 a 69, do CPC). É um caso de dever processual (do mandado).

▶ Não tem cabimento este tipo de intervenção quando o detentor exorbita de sua situação ou quando na situação de preposto age de forma culposa ou com excesso de gestão. Obs: Diz o art. 1.198, do Código Civil atual que "Considera-se detentor aquele que, achando-se em relação de dependência para com outro, conserva a posse em nome deste e em cumprimento de ordens ou instruções suas."

▶ E no seu parágrafo único está escrito que "Aquele que começou a comportar-se do modo como prescreve este artigo, em relação ao bem e à outra pessoa, presume-se detentor, até que prove o contrário".

b) Denunciação à Lide – é um requerimento judicial por meio do qual se convoca terceiro (parte estranha a relação processual), que de alguma forma mantém uma relação de direito com a parte denunciante, a fim de que venha responder pela garantia do negócio jurídico, caso este (parte denunciante) sofre uma derrota no processo. Ver arts. 70 a 76, do CPC.

c) Chamamento ao Processo – é o incidente pelo qual o devedor, quando tiver sido citado para responder processo, chama para compor a lide o devedor solidário (aquele denominado de co-obrigado). Ver arts. 77 a 80, do CPC.

Obs: O art. 275, do Código Civil em vigor, diz que "O credor tem direito a exigir e receber de um ou de alguns dos devedores, parcial ou totalmente, a dívida comum; se o pagamento tiver sido parcial, todos os demais devedores continuam obrigados solidariamente pelo resto". E no parágrafo único do referido artigo está disciplinado que "Não importará renúncia da solidariedade a propositura de ação pelo credor contra um ou alguns dos devedores".

4 – Denominação das partes no Processo de Execução:

a) Autor = Credor; Réu = Devedor;

b) Embargos do Devedor Autor = Embargante; Réu = Embargado;

5 – Denominação das partes no Processo Cautelar:

Autor = Requerente; Réu = Requerido

6 – Denominação das partes nos Processos de Jurisdição Voluntária:

▶ Tendo em vista que não contencioso há somente Interessados, os quais, na prática são chamados também de Requerentes.

7 – Substituição das Partes – é a situação processual em que a lei permite à parte, em nome próprio, pleitear a tutela de um direito litigioso de outrem. Ver art. 42, do CPC.

Exemplo: Joana está disputando uma casa residencial num processo judicial que fora ajuizada por Antonio, que lhe vendeu mas não pagou o preço. Ocorre que Joana já vendeu a casa para Pedro, que já lhe pagou o preço. Então nesse processo Joana é substituta processual.

Outro caso: Art. 68, do CPP, que prescreve "Quando o titular do direito à reparação do dano for pobre (artigo 32, §§ 1º e 2º), a execução da sentença condenatória (artigo 63) ou a ação civil (artigo 64) será promovida, a seu requerimento, pelo Ministério Público".

Exemplo:

CIVIL E PROCESSUAL – RESPONSABILIDADE CIVIL – ALEGAÇÃO DE MORTE DE EMPREGADO POR AÇÃO DE BENZENO – DOENÇA PROFISSIONAL – AÇÃO INDENIZATÓRIA MOVIDA PELO MINISTÉRIO PÚBLICO ESTADUAL COMO SUBSTITUTO DA AUTORA – DEFENSORIA PÚBLICA – AUSÊNCIA DE PROVA DA EXISTÊNCIA DO ÓRGÃO – CRIME EM TESE – PESSOA POBRE – CPP, ART. 68 – I. O entendimento jurisprudencial do STJ, na esteira de precedentes do Egrégio Supremo Tribunal Federal, é no sentido de que inexistindo Defensoria Pública organizada, prevalece a legitimidade do Ministério Público para, nos termos do art. 68 do Código de Processo Penal, promover ação indenizatória de cunho civil objetivando o ressarcimento por danos causados em decorrência de prática criminosa, ainda que "em tese". II. Recurso especial conhecido e provido, para afastar a carência da ação, determinando ao Tribunal de Justiça que prossiga no julgamento da apelação da parte autora. (STJ – RESP 37178 – SP – 4ª T. – Rel. Min. Aldir Passarinho Junior – DJU 06.05.2002)

7 – Capacidade Processual – é a aptidão para participar da relação processual, defendendo interesse próprio ou de outrem.

Obs: No atual Código Civil temos:

Art. 1º. Toda pessoa é capaz de direitos e deveres na ordem civil.

Art. 2º. A personalidade civil da pessoa começa do nascimento com vida; mas a lei põe a salvo, desde a concepção, os direitos do nascituro.

Art. 3º. São absolutamente incapazes de exercer pessoalmente os atos da vida civil: I – os menores de dezesseis anos; II – os que, por enfermidade ou deficiência mental, não tiverem o necessário discernimento para a prática desses atos;

III – os que, mesmo por causa transitória, não puderem exprimir sua vontade.

Art. 4º. São incapazes, relativamente a certos atos, ou à maneira de os exercer: I – os maiores de dezesseis e menores de dezoito anos; II – os ébrios habituais, os viciados em tóxicos, e os que, por deficiência mental, tenham o discernimento reduzido; III – os excepcionais, sem desenvolvimento mental completo; IV – os pródigos. Parágrafo único. A capacidade dos índios será regulada por legislação especial.

Art. 5º. A menoridade cessa aos dezoito anos completos, quando a pessoa fica habilitada à prática de todos os atos da vida civil.

Parágrafo único. Cessará, para os menores, a incapacidade:

I – pela concessão dos pais, ou de um deles na falta do outro, mediante instrumento público, independentemente de homologação judicial, ou por sentença do juiz, ouvido o tutor, se o menor tiver dezesseis anos completos;

II – pelo casamento;

III – pelo exercício de emprego público efetivo;

IV – pela colação de grau em curso de ensino superior;

V – pelo estabelecimento civil ou comercial, ou pela existência de relação de emprego, desde que, em função deles, o menor com dezesseis anos completos tenha economia própria.

Art. 6º. A existência da pessoa natural termina com a morte; presume-se esta, quanto aos ausentes, nos casos em que a lei autoriza a abertura de sucessão definitiva.

Art. 7º. Pode ser declarada a morte presumida, sem decretação de ausência:

I – se for extremamente provável a morte de quem estava em perigo de vida;

II – se alguém, desaparecido em campanha ou feito prisioneiro, não for encontrado até dois anos após o término da guerra.

Parágrafo único. A declaração da morte presumida, nesses casos, somente poderá ser requerida depois de esgotadas as buscas e averiguações, devendo a sentença fixar a data provável do falecimento.

Art. 8º. Se dois ou mais indivíduos falecerem na mesma ocasião, não se podendo averiguar se algum dos comorientes precedeu aos outros, presumir-se-ão simultaneamente mortos;

Art. 9º Serão registrados em registro público: I – os nascimentos, casamentos e óbitos; II – a emancipação por outorga dos pais ou por sentença do juiz; III – a interdição por incapacidade absoluta ou relativa; IV – a sentença declaratória de ausência e de morte presumida.

Art. 10. Far-se-á averbação em registro público:

I – das sentenças que decretarem a nulidade ou anulação do casamento, o divórcio, a separação judicial e o restabelecimento da sociedade conjugal;

II – dos atos judiciais ou extrajudiciais que declararem ou reconhecerem a filiação;

III – dos atos judiciais ou extrajudiciais de adoção.

8. Gestor de Interesses Alheios – é aquele que exerce o cargo de Representante do incapaz ou da pessoa que foi privada de demandar pessoalmente (falido e o insolvente civil)

9. Representação Voluntária – é a representação oriunda da realização de um negócio jurídico. Há um subtipo, denominado de Representação Necessária, ou seja, o representante escolhido tem qualificação específica para o ato (Advogado).

10. Representação Legal – é a determinada por lei.

São Partes: a) Pessoas Naturais; b) Pessoas Jurídicas; c) Massa Falida; d) Espólio; e) Herança Vacante ou Jacente; f) Massa do Insolvente Civil e g) Sociedades sem Personalidade Jurídica. (ver art. 12, do CPC)

Obs: NÃO ESQUEÇA

- Ser parte e ter capacidade e, para tanto é pressuposto processual.

11. Ministério Público – intervém sempre nos casos de incapacidade processual.

Audiência

O artigo 841 da CLT dispõe que recebida e protocolada a inicial, o chefe da secretaria tem o prazo de 48 horas para enviar a segunda via a reclamada, notificando-a para comparecimento na audiência que seràna primeira data desimpedida depois de 5 (cinco) dias, e o parágrafo 2º do mesmo artigo estabelece também que o reclamante será notificado da data da audiência no momento da distribuição da ação ou pelo correio.

Conceito:é o ato do juiz de ouvir as partes, suas pretensões e suas testemunhas.

De acordo com os artigos 813 a 817 da CLT, as audiências dos órgãos da Justiça do Trabalho serão públicas e realizadas de regra na sede do Juízo ou Tribunal, em dias úteis previamente fixados, entre **8:00 horas e 18:00 horas**, não podendo ultrapassar cinco horas seguidas, salvo se houver matéria urgente. Em casos especiais poderá ser realizada em outro local, mediante edital fixado na sede do juízo com antecedência de 24 horas no mínimo.

Se até 15 minutos após a hora marcada, o juiz não houver comparecido, os presentes poderão retirar-se, devendo apenas constar no livro de registros das audiências (observação: este prazo é para o caso de não comparecimento do juiz, e não atraso na audiência).

A fim de nos aprofundarmos no tema *audiência*, segue abaixo texto, do Prof. Dinamarco (mesmo tratando de audiência cível, vale a pena a leitura, para que possamos ter uma base sólida acerca de audiência trabalhista). Esse texto está no endereço http://www.leonildocorrea.adv.br/curso/dina48.htm

Conceito, função e conteúdo

Audiência de instrução e julgamento é a sessão pública dos juízos de primeiro grau de jurisdição, da qual participam o juiz, auxiliares da Justiça, testemunhas, advogados e partes, com o objetivo de obter a conciliação destas, realizar a prova oral, debater a causa e proferir sentença. Como sessão que é, a audiência de instrução e julgamento é integrada por uma série de atos, sendo ela própria um ato processual complexo.

Como toda audiência, a de instrução e julgamento é sempre um ato público, pelo simples fato de ser um ato do processo, o qual em si mesmo é uma instituição de direito público. Mas ela é também pública, no sentido de que deve ser realizada a portas abertas, com livre ingresso de quem queira assistir a ela, ressalvados os casos de segredo de justiça e de circunstâncias que possam conturbar os trabalhos (art. 444 c/c art. 155); o poder de polícia das audiências legitima as limitações que o juiz faça quanto ao número de pessoas presentes, exclusão de participantes que se comportem de modo inconveniente etc.

O nome audiência de instrução e julgamento é tradicional na linguagem brasileira do processo civil e prevalece embora nessa audiência se realizem também atos de conciliação. No capítulo em que a disciplina, o Código de Processo Civil denomina-a simplesmente audiência, sem especificar, porque ela era a única audiência integrante do procedimento ordinário; mas a partir da Reforma o procedimento ordinário contém outra audiência, que é a audiência preliminar (art. 331). A locução audiência de instrução e julgamento é empregada no § 2º do art. 331, introduzido no Código pela Reforma.

O juiz preside todos os trabalhos que compõem a audiência de instrução e julgamento, na qualidade de agente estatal encarregado do exercício da jurisdição. A ele cabe determinar cada um dos atos a serem realizados, orientar as partes no sentido da conciliação, formular perguntas a serem respondidas pelas testemunhas, transmitir a estas e aos peritos as perguntas formuladas pelos advogados, ouvir as respostas e fazê-las consignar no termo, resolver questões incidentes levantadas pelos defensores, manter a ordem (arts. 445-446) e, finalmente, proferir a sentença.

Os auxiliares da Justiça que participam dela são necessariamente o oficial de justiça encarregado de apregoar partes, os advogados, testemunhas etc., assim como o escrivão ou seu preposto, o escrevente, que responde pela documentação da audiência. Além desses, eventualmente participam outros auxiliares da Justiça, como o perito e o intérprete se for o caso.

Cada um dos advogados participa realizando as atividades postulatórias próprias ao profissional habilitado, requerendo, formulando perguntas, deduzindo alegações e fiscalizando os trabalhos do juiz, dos auxiliares e do defensor da parte contrária.

As partes estão na audiência para a tentativa de conciliação e eventualmente para prestar depoimento pessoal quando este houver sido requerido pela parte contrária ou determinado *ex officio* pelo juiz. Esses atos são pessoais e as próprias partes os realizam, não-obstante careçam de capacidade postulatória por não serem profissionalmente habilitadas. A parte tem o direito de estar presente à audiência e comunicar-se com seu defensor, inclusive para sugerir-lhe perguntas a serem feitas às testemunhas.

A tentativa de conciliação, que os arts. 447 ss. mandam realizar, é a segunda exigida pelo Código de Processo Civil em relação ao procedimento ordinário. A primeira delas é a que se faz na audiência preliminar (art. 331). Tanto cá quanto lá, é dever do juiz dialogar com as partes, mostrando-lhes os riscos de derrota e as vantagens da pronta solução do conflito, no interesse da Justiça e delas próprias. É falsa a impressão de que, ao instituir a audiência preliminar e a tentativa de conciliação que nela se realiza, a Reforma do Código de Processo Civil teria tido o efeito de ab-rogar a exigência de igual tentativa na audiência de conciliação e julgamento.

A valorização dos meios alternativos de solução de conflitos é uma linha bem definida entre as ondas renovatórias do processo civil moderno e hoje a tentativa de conciliar está incluída, pela própria Reforma, entre os deveres fundamentais do juiz (art. 125, inc. IV); suprimir essa atividade na audiência de conciliação e julgamento seria portanto, nesse quadro sistemático, renegar a modernização e negar vigência aos arts. 447 ss., que não foram expressa nem implicitamente revogados.

A prova oral é necessariamente feita em audiência, sendo esta, por destinação institucional, o palco da oralidade (Liebman); consiste no depoimento pessoal das partes, inquirição de testemunhas e, eventualmente, esclarecimentos dos peritos. A prova oral e as alegações finais produzidas pelos defensores das partes (debates) compõem a instrução a ser feita em audiência. A fase instrutória pode ter começado antes, em caso de perícia ou inspeção judicial, ou pode resumir-se ao que na audiência se faz, caso nenhum desses meios de prova haja sido produzido.

As alegações finais são a fala dos defensores das partes, destinada a demonstrar ao juiz a razão de cada uma delas e por esse modo influir no espírito deste para que profira sentença favorável. Consistem em examinar a prova e confrontá-la com os fatos alegados, interpretar a lei, invocar doutrina e jurisprudência e concluir com o pedido de procedência ou improcedência da demanda, extinção do processo etc. Essa atividade é nitidamente instrutória, concebida a instrução, no processo de conhecimento, como conjunto de atividades destinadas a formar a convicção do juiz.

A sentença a ser proferida será de mérito ou terminativa, conforme o caso. Se de mérito, acolherá a demanda integralmente ou em parte, ou julgá-la-á improcedente. Em qualquer hipótese, ela é o último ato do processo de conhecimento em primeiro grau de jurisdição, com o efeito processual de extingui-lo se não houver recurso e o de exaurir a competência do juiz, salvo casos especiais (art. 463).

É exagerada a afirmação da existência de uma fase decisória no procedimento ordinário brasileiro. A decisão da causa, seja por sentença de mérito, seja terminativa, é composta por um ato só, não por uma sequência de atos que se pudessem agrupar em uma fase.

Estrutura

Como sessão que é, a audiência de instrução e julgamento compõe-se de uma sucessão de atos ordenados, cada qual sujeito a seus próprios requisitos formais e todos realizados segundo uma ordem sequencial determinada racionalmente pela lei. Apesar de ser necessariamente formal, a estrutura da audiência é sujeita a variações de caso a caso, porque existem atos que se realizam em toda e qualquer audiência e outros, eventuais (como os esclarecimentos de peritos, acareação de testemunhas etc.); e, em certas circunstâncias, atos ordinariamente incluídos na audiência de instrução e julgamento não se realizam nela, como a inquirição de testemunhas residentes em outro foro (precatória).

Uma relação completa dos atos que integram a audiência deve incluir todos os que em circunstâncias ordinárias são realizados nessa sessão, com a consciência de que tais variações são possíveis. São atos integrantes da audiência de instrução e julgamento, no sistema brasileiro de processo civil, nessa ordem, (a) a proclamação pelo juiz, (b) o pregão inicial pelo oficial de justiça, (c) a tentativa de conciliação, (d) a fixação dos pontos controvertidos de fato a serem objeto da prova oral, (e) os esclarecimentos do perito e assistentes-técnicos, (f) o depoimento pessoal do autor, (g) o depoimento pessoal do réu, (h) a inquirição das testemunhas arroladas por aquele, (i) a inquirição das testemunhas arroladas por este, (j) as alegações finais pelo defensor do autor, (k) idem, pelo defensor do réu e (1) a sentença.

Proclamação Pelo Juiz e Pregão Inicial Pelo Oficial de Justiça

Pelo que dispõe o art. 450 do Código de Processo Civil, no dia e hora designados, o juiz declarará aberta a audiência, mandando apregoar as partes e os seus respectivos advogados. Na prática, esse ato extremamente formal consignado em lei é realizado por modo menos formal, limitando-se o juiz a dizer ao auxiliar que é chegado o momento de fazer o pregão. Consiste este na chamada das partes e advogados, para que entrem na sala e tomem os assentos que lhes cabem, começando em seguida a audiência; deve ser feito em voz alta e clara e tem a finalidade de evitar eventuais desatenções e caracterizar a ausência dos que não atenderem a ele.

As testemunhas não são ainda apregoadas nesse momento. Só o serão depois de instaurada a audiência e quando, frustrada a tentativa de conciliação, chegar o momento de ser ouvida cada uma delas.

Conciliação

Tanto quanto na audiência preliminar, a conciliação a ser proposta e incentivada pelo juiz na audiência de instrução e julgamento restringe-se aos litígios que envolvam direitos disponíveis, ou seja, direitos patrimoniais de caráter privado (CPC, art. 447, c/c CC, art. 1.035). Segundo disposição esclarecedora contida no Código de Processo Civil, entre essas causas incluem-se aquelas relacionadas como direito de família, "nos casos e para os fins em que a lei consente a transação" (art. 447). Trata-se das ações de separação judicial, em que é possível a conciliação para que a sociedade conjugal prossiga ou ao menos para a conversão em separação consensual; das ações de investigação de paternidade, onde a conciliação é possível para o reconhecimento desta ou para a determinação dos alimentos eventualmente pedidos etc.

As partes são obrigatoriamente intimadas a comparecer à audiência para a conciliação, sendo válida a intimação feita ao advogado que tenha poderes suficientes para transigir (art. 38); não os tendo, a intimação será pessoal e realizada pelos modos normais de intimar. Também não se exige a presença pessoal das partes, podendo a negociação ser feita pelo advogado que tenha poderes. Se a intimação não for feita, ou se for feita no advogado sem poderes especiais e a parte não comparecer, o juiz não deve realizar a audiência, adiando-a para que a parte seja intimada. A audiência será nula se não for feita a tentativa de conciliação, estando ausente a parte não intimada ou mal intimada. Como é próprio à teoria das nulidades processuais, todavia, essa nulidade só será pronunciada se tiver sido causa de prejuízo a uma das partes (art. 244).

Se houver a efetiva conciliação e estiverem presentes todos os pressupostos de sua validade, ela será homologada e o ocorrido documentado em um termo, que todos assinarão. Pelo disposto no art. 449 do Código de Processo Civil, o acordo homologado terá valor de sentença, mas na realidade a homologação é uma sentença, que terá os efeitos próprios à sentença constitutiva, condenatória, meramente declaratória ou terminativa, conforme o caso.

Fixação dos Pontos Controvertidos

Não obtida a conciliação integral, caminha-se para a instrução oral da causa. Antes de dar-lhe início, o juiz fixará os pontos controvertidos de fato, sobre os quais a prova oral incidirá (art. 451). Já na audiência preliminar os pontos de fato controvertidos terão sido fixados, quando o juiz organizou a prova e saneou o processo (art. 331, § 2º). Se entre as duas audiências alguma prova tiver sido realizada, especialmente a pericial, o objeto da prova já poderá estar reduzido, de modo a restarem para a prova oral somente aqueles pontos ainda não esclarecidos.

O ato consistente em fixar os pontos é mero despacho e portanto não comporta recurso algum (arts. 162, § 3º e 504); caso o juiz venha depois a indeferir reperguntas às partes ou às testemunhas por considerar que não têm pertinência com os pontos então fixados, o advogado poderá exigir que elas sejam consignadas e depois, em alegações finais ou mesmo em recurso, alegará o cerceamento de seu direito à prova.

Não é constante nem usual o cumprimento da exigência de fixar em audiência os pontos controvertidos a serem investigados mediante a prova oral: para tanto seria indispensável que o juiz ao menos lesse os autos antes da audiência, o que nem sempre ocorre. Mas esse é um dever o juiz responsável e comprometido com o objetivo de processar bem, para poder julgar corretamente.

Instrução Oral

Fixados os pontos a serem esclarecidos pela prova oral, principia a realização desta. Tomam-se primeiro os esclarecimentos do perito, depois do assistente-técnico do autor e do indicado pelo réu, se for o caso (art. 452, inc. I). Esses esclarecimentos são tomados mediante solicitação ao expert, para que responda oralmente às perguntas antes formuladas por escrito e das quais ele tenha tido prévio conhecimento (cinco dias antes da audiência: art. 435).

As perguntas são lidas pelo juiz, o perito dá suas respostas e ambos os defensores podem dirigir-lhe outras, sempre através do juiz e desde que relacionadas com as respostas dadas; repergunta primeiro o advogado que formulara o pedido de esclarecimento, depois o adversário. Do mesmo modo são prestados esclarecimentos pelos assistentes-técnicos, sendo que as reperguntas são feitas em primeiro lugar pelo advogado da parte que indicou o assistente e, em seguida, pelo adversário.

Vem depois o depoimento pessoal do autor, tomado em ausência do réu, que é proibido de assistir a ele (arts. 452, inc.II e 344). As perguntas são feitas pelo juiz e, sempre através dele, pelo advogado contrário; não se admitem perguntas de um advogado, a serem respondidas pelo próprio constituinte. Havendo deposto, o autor é autorizado a permanecer na sala de audiências. Em seguida depõe o réu, do mesmo modo. Tanto o depoimento do autor quanto o do réu só serão tomados se previamente requeridos pela parte contrária ou por determinação do juiz *ex officio*, sendo lícito a este, na própria audiência, decidir-se por tomá-los ainda quando não requeridos (art. 342).

Depõem depois as testemunhas arroladas pelo autor, na ordem preferida por este. Depois, as arroladas pelo réu (art. 452, inc.III). O Código fixa a regra da incomunicabilidade das testemunhas, consistente em proibir que, antes de depor, possa uma delas assistir ao depoimento das demais ou ser informada do teor desse depoimento (art. 413). A cada testemunha são dirigidas perguntas formuladas pelo próprio juiz, pelo advogado que a arrolara e, finalmente, pelo advogado da parte oposta (art. 416).

Ouvida a última de todas as testemunhas, estará encerrada a instrução probatória, abrindo-se então os debates. Consistem estes nas alegações finais feitas oralmente pelo advogado do autor e, depois, do réu. Na pureza do processo oral, que postula a comunicação direta entre os participantes da audiência e o juiz, deveria cada advogado dirigir-se a este, expondo e argumentando, para que depois o juiz ditasse as alegações ao escrevente, que a documentaria; na prática, o juiz dá a palavra ao advogado e este dita suas alegações diretamente ao auxiliar da Justiça.

Cada fala tem a duração limitada a vinte minutos, que o juiz pode prorrogar por mais dez (art. 450). Dispõe também o § 1º do art. 454 que "havendo litisconsorte ou terceiro, o prazo, que formará com o da prorrogação um só todo, dividir-se-á entre os do mesmo grupo, se não convencionarem de modo diverso". A lei não o diz expressamente, mas a divisão é feita em partes iguais, sendo também óbvio que, se todos os litisconsortes estiverem representados pelo mesmo advogado, divisão alguma haverá a fazer.

Terceiro, nesse texto, são o assistente, o litisdenunciado e o chamado ao processo (que também é litisconsorte passivo); havendo na relação processual um oponente, manda o § 2º que a ele seja dado o prazo de vinte minutos e, depois, outro tanto a cada um dos opostos.

Sentença

Feitas as alegações finais, está completa a instrução processual – compreendida esta como o conjunto de atividades destinadas a proporcionar ao juiz o conhecimento da causa e consistentes em provas e alegações. É chegado o momento da decisão, em que o juiz profere sentença. Esta é ditada ao auxiliar, que a registra para futura inclusão nos autos, podendo também ser proferida por escrito pelo juiz mais tarde e entregue em cartório até dez dias depois da audiência.

Não será proferida sentença quando faltar algum pressuposto do julgamento do mérito e também não for o caso de extinguir desde logo o processo sem esse julgamento. O juiz proferirá decisão interlocutória, p.ex., quando anular o processo a partir de determinado ponto, ou quando determinar a inclusão de um litisconsorte necessário ou se der por absolutamente incompetente etc.; esses são controles que melhor seria fazer antes, mas o juiz tem o poder e dever de fazê-los sempre, enquanto não houver sentenciado. Mero despacho será proferido para converter o julgamento em diligência, mandar que se regularizem os autos etc.

Memoriais

O Código de Processo Civil autoriza que as alegações finais das partes sejam deduzidas mediante memorial escrito, quando "a causa apresentar questões complexas de fato ou de direito" (art. 454, § 3º). Não há um direito das partes a esse modo de fazer as alegações finais: o grau da complexidade será avaliado pelo juiz, a quem compete deferir; ou indeferir o pedido de apresentação de memoriais, segundo sua própria sensibilidade. Diz ainda aquele dispositivo que "o juiz fixará dia e hora para seu oferecimento", mas na prática os juízos costumam fixar prazos.

Como as alegações mediante memoriais são um substitutivo das que se fazem oralmente em audiência, é correto fixar prazos sucessivos, de modo que o do réu comece depois de expirado o do autor, tendo este apresentado o seu – i.é, tanto quanto em audiência, o réu tem o direito de conhecer previamente as alegações do autor para pôr-se em condições para incluir nas suas a crítica a elas (Theotônio Negrão). Nos tribunais prevalece contudo a orientação no sentido de que são sucessivos os prazos para a retirada dos autos, mas o prazo para a entrega dos memoriais é comum, vencendo-se no mesmo dia para ambas as partes.

Conversão do Julgamento em Diligência

Depois de já produzidas as alegações finais em audiência ou mediante memoriais, ou seja, depois de encerrada a fase instrutória, é lícito ao juiz retornar à instrução, determinando providências destinadas ao esclarecimento de pontos de fato que considere insuficientemente claros.

Tal é a conversão do julgamento em diligência, que não está prevista de modo expresso na lei, mas é de integral compatibilidade com o sistema do processo civil moderno, em que o juiz tem significativo poder de iniciativa da prova e a liberdade de formar racionalmente seu convencimento. A diligência probatória determinada pelo juiz pode consistir em inquirição de testemunhas, realização de perícia, requisição de documentos etc., sendo de rigor a oferta de oportunidade às partes, para que se manifestem a respeito do resultado obtido.

Incidentes e Decisões em Audiência

As questões processuais suscitadas em audiência ali mesmo devem ser decididas, caracterizando-se como decisões interlocutórias os pronunciamentos do juiz a respeito. Esses incidentes podem ser de natureza muito variada, como a contradita de uma testemunha, seguida da decisão com que o juiz manda que seja ouvida ou a exclui; o pedido de acareação entre testemunhas, entre partes ou entre umas e outras, a ser deferido ou indeferido pelo juiz; o de juntada de documento, o de interrupção da audiência para que uma testemunha arrolada pelo réu só venha a ser inquirida depois que as do autor o hajam sido etc.

Contra essas decisões admite-se a interposição verbal do recurso de agravo retido na própria audiência (art. 523, § 34), mas a parte não tem o ônus de fazê-lo sob pena de preclusão: se não recorrer em audiência, gozará do prazo normal para fazê-lo, sendo-lhe permitido optar entre o agravo de instrumento e o retido. O agravo deixa de ser admissível, todavia, se a sentença vier a ser proferida antes de sua interposição – quer o juiz a profira em audiência, quer depois (art. 456). Nesse caso, eventuais fundamentos que a parte tivesse para manifestar agravo contra a decisão proferida em audiência comportarão alegação e exame como preliminar na apelação que vier a interpor contra a sentença (art. 513) – porque, uma vez proferida esta, os vícios do processo convertem-se em fundamentos da apelação (Liebman).

Documentação da Audiência

A documentação de todos os atos da audiência é feita pelo auxiliar da Justiça que a acompanha (escrivão, escrevente), sob ditado do juiz (art. 457). Isso poderá ser feito datilograficamente, por taquigrafia, estenografia, ou mediante emprego de técnicas eletrônicas (art. 170). Em qualquer hipótese, as folhas impressas serão assinadas pelo juiz, advogados, partes se presentes, Ministério Público se tiver participado etc., bem como pelo escrivão ou seu preposto (art. 457, § 2º).

Chama-se termo de audiência a ata geral dos trabalhos, em que se relacionam os atos realizados e se reproduzem as questões suscitadas, as determinações ou decisões do juiz e, finalmente, a sentença que vier a ser proferida. A reprodução dos esclarecimentos orais do perito e assistentes-técnicos e dos depoimentos prestados pelas partes ou testemunhas chama-se termo de assentada ou, simplesmente, assentada.

Os termos relativos à audiência, bem assim os documentos que o juiz haja admitido durante ela, serão reunidos pelo escrivão e incorporados aos autos do processo (art. 457, § 3º).

A Unidade da Audiência e Casos de Interrupção

Segundo o art. 455 do Código de Processo Civil, "a audiência é una e contínua".

A unidade da audiência é um dos elementos que caracterizam tradicionalmente o modelo brasileiro de procedimento ordinário, em contraposição com outros ordenamentos jurídicos que incluem mais de uma e também em contraste com o procedimento sumário do próprio sistema brasileiro, que contém duas audiências (art. 277, *caput* e § 2º).

Antes da Reforma, nenhuma outra audiência havia no procedimento ordinário; hoje, com a implantação da audiência preliminar, em certa medida o art. 455 deixa de refletir a realidade porque já existem duas audiências e não apenas uma. Hoje, pode-se afirmar somente a unidade da audiência de instrução e julgamento. Toda a atividade consistente na conciliação, na instrução oral, nos debates e na sentença integra uma audiência só e não é repartida em sessões destinadas a cada uma delas.

A continuidade da audiência significa que em princípio toda essa atividade deve começar e terminar em uma só assentada, evitando-se quanto possível as interrupções que prejudicam a concentração dos atos processuais e por isso podem comprometer o bom entendimento dos elementos de instrução.' Mas prossegue o art. 455: "não sendo possível concluir num só dia a instrução, o debate e o julgamento, o juiz marcará o seu prosseguimento para dia próximo".

Uma das hipóteses de interrupção é a demora que impossibilite a realização de todos os atos da audiência dentro do horário estabelecido pela lei para a prática de atos processuais, ou seja, antes das vinte horas (art. 172); nesses casos concluir-se-á a inquirição que estiver em curso, sem se interromper (art. 172, § 1º), interrompendo-se a audiência depois de finda essa inquirição se isso não for prejudicial. Outra hipótese é a pendência de carta precatória expedida para a inquirição de alguma testemunha – caso em que a audiência se interrompe depois da realização dos atos possíveis e recomeçará depois de cumprida a precatória. Outra ainda, a ausência de alguma testemunha etc.

Adiamento da Audiência de Instrução e Julgamento

O Código de Processo Civil manda que, já ao sanear o processo na audiência preliminar, o juiz fixe dia e hora para realização da audiência de instrução de julgamento (art. 331, § 2º). Ocorrem no entanto situações em que, por alguma razão prática ou técnico-processual, torna-se impossível realizá-la no dia marcado, impondo-se o adiamento. Duas delas estão agrupadas nos incisos do art. 453, mas há outras.

A primeira das hipóteses de adiamento da audiência de instrução e julgamento é a convenção das partes, com a ressalva de que por esse fundamento a audiência só se pode adiar uma vez (art. 453, inc. I).

A segunda é a ausência de algum sujeito necessário, como o juiz, o agente do Ministério Público, as testemunhas ou o perito (art. 453, inc. II). A ausência de alguma das partes, de um advogado ou do assistente-técnico será causa de adiamento da audiência quando tiver sido causada por motivo justo.

A terceira hipótese de adiamento da audiência de instrução e julgamento é o retardamento na entrega do laudo pericial (art. 432). O juiz deve ter fixado para essa entrega um prazo que termine ao menos vinte dias antes da audiência (art. 433), para que as partes tenham tempo para manifestar-se sem prejudicar a designação; mas, se o perito se atrasar, é imperioso alterar a designação. Pode também acontecer que, mesmo sendo entregue o laudo no prazo, a indispensável intimação das partes para essa manifestação acabe por causar um retardamento que impeça a realização da audiência.

O retardamento na entrega dos pareceres dos assistentes-técnicos não é causa de adiamento da audiência. A lei deixa a cargo das partes o ônus de zelar pela tempestividade dessa entrega, a qual deve ocorrer até dez dias depois da juntada do laudo aos autos, sob pena de preclusão (art. 433) com a consequência de que, com ou sem os pareceres nos autos, a audiência será realizada.

Outra causa inevitável de adiamento da audiência é representada pelos impedimentos judiciais, como o retardamento de uma audiência anterior que não termine em tempo, correição geral em cartório etc. Embora seja dever do juiz evitar que tais dificuldades aconteçam, se acontecerem a audiência se adia.

Ausências

Segundo dispõe o Código, "a audiência poderá ser adiada se não puderem comparecer, por motivo justificado, o perito, as partes, as testemunhas e os advogados" (art. 453, inc. II). Esse dispositivo, interpretado sistematicamente em consonância com o contexto de disposições sobre a audiência, sugere a distinção entre sujeitos necessários, cuja ausência determina inexoravelmente o adiamento da audiência, e sujeitos não-necessários, cuja ausência só determinará o adiamento quando decorrente de motivo justo e comprovado.

O juiz e o primeiro dos sujeitos necessários, sem o qual nenhuma audiência realiza: sendo ele o diretor dos trabalhos e único sujeito exercente da jurisdição, é inconcebível uma audiência sem sua presença. Também é materialmente impossível realizar a audiência de conciliação e julgamento sem a presença do escrivão ou seu preposto, que são os responsáveis pela indispensável documentação dos trabalhos.

Outro sujeito processual indispensável à audiência é o Ministério Público, nos casos em que a lei exige sua participação; ainda quando o promotor de justiça falte sem motivo justo, será nula a audiência sem sua presença e participação (arts. 84 e 246).

Eventual desídia do promotor que não compareceu poderá ser objeto de sanções administrativas, mas no processo isso é indiferente, não importando as razões por que a Instituição deixou de estar presente. Sempre, no entanto, deixa-se de pronunciar a nulidade se a paire a ser assistida pelo Parquet, saindo-se vitoriosa na causa, não tiver suportado prejuízo algum.

Também é indispensável o perito a quem se hajam solicitado esclarecimentos a serem prestados em audiência (art. 435). Se o juiz houver deferido sua intimação para comparecer, a parte terá direito a essa prova, não respondendo pela ausência do intimado; adia-se a audiência, quer o perito haja faltado com ou sem motivo legítimo.

O modo como a Reforma tratou o assistente-técnico, colocando-o como auxiliar da parte e não do Juízo e deixando àquela o ônus de zelar pela presteza na realização dos trabalhos de que é incumbido (art. 433), conduz ao entendimento de que sua ausência não será causa de adiamento. Antes da Reforma esse ponto era controvertido na doutrina e jurisprudência, mas agora não há como prosseguir dando aos assistentes técnicos tratamento tão similar ao que se dá ao perito.

As testemunhas também são sujeitos necessários à audiência. Uma vez regularmente arroladas com a correta indicação do endereço onde serão intimadas, a parte que as arrolou tem direito a essa prova e não responde pela ausência da testemunha, quer justificada ou não. Mas a parte perde o direito a essa prova quando, havendo dispensado a intimação, a testemunha vier a faltar sem motivo justo (art. 412, § 1º)

Os sujeitos considerados não-necessários à realização da audiência são as partes, os advogados e o assistente-técnico. Em relação a todos eles, prevalecem as consequências do descumprimento de ônus processuais, respondendo o litigante por eventuais ausências não justificadas. Mas, por exigência do devido processo legal e da garantia constitucional do direito à prova, a ausência de algum desses sujeitos determinará o adiamento da audiência quando o motivo for justo ou quando decorrer da falta de intimação regular, imputável aos serviços judiciários.

Se a parte faltar à audiência sem motivo justo e havendo sido intimada, a primeira consequência poderá ser a frustração da conciliação que ali deveria ser tentada pelo juiz, mas, como o advogado munido de poderes especiais é legitimado a participar da conciliação em nome da parte, a ausência desta poderá ser absolutamente indiferente para esse fim (arts. 447-449).

Além disso, não podendo ninguém ser obrigado a negociar ou aceitar soluções conciliatórias, essa ausência não acarreta nulidade alguma no processo. Se a parte houver sido intimada a comparecer para prestar depoimento pessoal e faltar sem motivo justo, aplicar-se-lhe-á a chamada pena de confesso, presumindo-se verdadeiros os fatos alegados pelo adversário sempre que o contrário não esteja demonstrado pela prova dos autos (art. 343, § 2º).

Não comparecendo o advogado, quer do autor ou do réu, a audiência não deixa de ser realizada mas, se a ausência não tiver sido justificada, poderá o juiz dispensar a produção da prova requerida pelo faltoso (art. 453, § 2º). O emprego da forma verbal poderá significar que a lei deixa a critério do juiz a aplicação dessa sanção processual, o que ele fará segundo as circunstâncias do caso, evitando sempre decisões que se afastem de modo radical da verdade dos fatos e, consequentemente, apenem de modo excessivamente severo a parte cujo advogado faltar. Um limite a esse poder do juiz é a indisponibilidade dos direitos: seria incoerente com o sistema a dispensa da prova de fatos referentes a direitos indisponíveis, quando em relação a eles não se aplica o efeito da revelia nem a pena de confesso, nem é plenamente eficaz a própria confissão.

Reputa-se justificada a ausência do advogado em razão de outra audiência à qual deva comparecer, havendo sido intimado de sua designação antes da intimação para essa a que haja faltado. Mas, se em algum desses processos a parte estiver representada por mais de um advogado, a duplicidade de audiências no mesmo dia e hora deixa de ser motivo para a ausência. Se faltar sem justa causa o assistente-técnico regularmente intimado, a audiência se realiza sem sua presença e a parte que o indicou fica privada dos esclarecimentos que ele poderia prestar se comparecesse.

Em relação a todos os sujeitos não-necessários, dispõe o § 1º do art. 453 que "incumbe ao advogado provar o impedimento até a abertura da audiência"; nesse caso, a audiência se adia.

Quando o impedimento tiver causa em um motivo tão recente que não seja possível a comunicação ao Juízo antes desse momento, é aceitável a justificação posterior, com a consequência de anular-se o ato – mas a gravidade dessa consequência aconselha prudência e rigor do juiz na aceitação dos motivos da ausência.

Em resumo: a) são sujeitos necessários, sem cuja presença a audiência de instrução e julgamento não se realiza e, portanto, será adiada o juiz, o Ministério Público, o perito e as testemunhas intimadas; b) são sujeitos não-necessários, cuja ausência só causa o adiamento da audiência quando decorrer da falta de intimação ou motivo relevante, as partes, os advogados, os assistentes-técnicos e as testemunhas cuja intimação houver sido dispensada; c) a justificação, eficaz para o fim de provocar o adiamento da audiência, deve ser feita antes da abertura desta, salvo quando o impedimento resultar de fato muito recente.

Ciência da nova designação (interrupção, adiamento ou antecipação da audiência)

Sempre que a audiência seja interrompida para prosseguir em outro dia, ou que seja ela adiada ou antecipada, da nova designação é indispensável que estejam cientes todos os sujeitos que devam comparecer. Em caso de mera interrupção, é aconselhável que todos sejam cientificados antes de se retirarem, o que evitará as demoras e eventuais dificuldades para sua intimação; essa ciência imediata será certificada no termo de audiência pelo escrevente em serviço, o qual colherá a assinatura de todos. Os que não estiverem presentes serão necessariamente intimados, o que também acontecerá em caso de adiamento ou de antecipação da audiência (art. 242, § 2º).

Princípios da audiência trabalhista

A audiência trabalhista tem princípios que somente pertencem a esse instituo, sendo eles, como frisado pelo Prof. Mauro Schiavi, em sua obra, Manual de Direito Processual do Trabalho, p. 416, ed. LTr, 2009:

a) Presença obrigatória das partes.

A CLT exige o comparecimento das partes em audiência com o objetivo do Juiz fazer as perguntas pertinentes ao caso apresentado (artigos 843 e 844 da CLT). Poderá ocorrer o não comparecimento das partes, mas em situações específicas que serão abordadas logo mais.

b) Concentração dos atos processuais (audiência UNA).

Esse princípio, específico, em tese, o Juiz deverá tentar a conciliação entre as partes, receber a defesa, instruir o processo (ouvindo as partes e testemunhas) e proferir sentença. Claro que na prática esses atos são muito difíceis de ocorrer num único dia.

Por força do artigo 849 da CLT, o Juiz poderá marcar a audiência posteriormente e intimar os advogados via diário oficial.

Pela discricionalidade do Juiz, o mesmo poderá optar em realizar uma audiência UNA ou fracionar a mesma, tendo em vista que na prática o fracionamento da audiência chega-se a um acordo mais facilmente entre as partes.

Por fim, a audiência poderá ser adiada pelo não comparecimento das testemunhas em audiência. Insta salientar que no rito sumaríssimo as testemunhas deverão comparecer em audiência independentemente de intimação, mas as partes deverão comprovar a sua comunicação por escrito (carta convite) para que o Juiz adie a audiência.

c) Publicidade.

Esse princípio está determinado na CF, em seu artigo 93, IX. De um modo prático, a audiência, excetuando-se alguns casos, poderá ser assistida por qualquer pessoa.

O artigo 155 do CPC determina os casos de segredo de Justiça, sendo eles: i) em que exigir interesse público; ii) direito de família e iii) quem demonstrar interesse jurídico.

Exemplo de segredo de Justiça, temos a intimidade das partes *v.g.* Reclamante com Aids, assédio sexual etc.

O segredo de Justiça pode ser pleiteado na inicial, na defesa ou em audiência. Muitos defendem que trata-se de uma decisão não passível de recurso, porém verificado que a decisão do Juiz não tem fundamento, cabe mandado de segurança para o presidente do TRT competente.

d) Oralidade.

Esse princípio determina que as partes sejam ouvidas, assim como as testemunhas e peritos. As palavras serão determinadas a termos. A defesa também poderá ser apresentada oralmente (20 minutos), assim como as razões finais (10 minutos). Essa regra existe tendo em vista que a parte poderá comparecer em audiência sem advogado (Súmula n. 425 do TST).

e) Imediatividade.

A Justiça do Trabalho, é a Justiça popular, ou seja, o Juiz se aproxima das partes para que demonstre o que houve e pleiteie seus direitos.

f) Conciliação.

O artigo 114 da CF, combinado com o artigo 764 da CLT, determina que o Juiz é obrigado a tentar o acordo, nas ações trabalhistas.

Na justiça do trabalho, o Juiz é obrigado a tentar a conciliação em dois momentos no rito ordinário: antes da defesa e depois das razões finais. Caso não tente a conciliação a decisão será nula.

Entendemos, que no rito sumaríssimo o Juiz poderá tentar a conciliação há qualquer momento, pois nos artigos 852 A e seguintes da CLT não existe a obrigatoriedade e determinação da tentativa de conciliação em tal ato processual ou posteriormente.

Desta forma, do ponto de vista prático, que é o escopo dessa obra, caso o Juiz tente a conciliação no depoimento das partes ou das testemunhas e o processo estiver sob o rito ordinário, o advogado deverá, pela ordem, informar que não é o momento correto para a tentativa de acordo. Isso demonstra conhecimento das leis trabalhistas pelo advogado.

Sobre o tema acima descrito, segue o texto abaixo, que se encontra no endereço: http://www.uj.com.br/publicacoes/doutrinas/default.asp?action=doutrina&iddoutrina=2729

A audiência una trabalhista e o princípio Constitucional do contraditório e o princípio da razoabilidade

1. Introdução

Em nosso estudo, vamos enfocar se a realização da audiência una no processo trabalhista não prejudica o direito do reclamante na análise do conteúdo da resposta da reclamada, como também dos documentos juntados aos autos, além de uma constatação prévia e mais acurada de quais seriam as testemunhas necessárias para o prosseguimento da instrução processual. Em outras palavras, será que a necessidade do reclamante se manifestar em audiência, em poucos minutos, sobre a defesa e documentos apresentados pela Reclamada viola o princípio constitucional do contraditório (art. 5º, LV, CF) e o princípio da razoabilidade?

2. Audiência Trabalhista. Breves enfoques

As audiências são realizadas dentro dos órgãos da Justiça do Trabalho, em horários pré-determinados e com ciência prévia aos efetivos interessados. São realizadas das 8:00 às 18:00 horas, não podendo ultrapassar cinco horas seguidas, salvo quando houver matéria urgente (art. 813, *caput*, CLT). Em casos especiais, poderá ser designado outro local para a realização das audiências, mediante edital afixado na sede do Juízo, com antecedência mínima de vinte e quatro horas (art. 813, § 1º). Sempre que for necessário, poderão ser convocadas audiências extraordinárias, com ciência prévia às partes, no mínimo, de vinte e quatro horas (art. 813, § 2º).

Como regra, a audiência(1) será contínua(2), mas, se não for possível, por motivo de força maior, concluí-la no mesmo dia, o magistrado designará nova data para a sua realização (art. 849, CLT). No procedimento sumaríssimo, explicitamente, o legislador adota a expressão audiência única(3) (art. 852-C).

3. A Realização da Audiência Una é Obrigatória?

O legislador consolidado adota a audiência una, como forma de valorização do procedimento oral(4), além do respeito ao princípio da concentração(5). Contudo, a prática indica que nem todos os órgãos judiciários realizam a audiência una. O que se tem é a cisão(6) da audiência em várias etapas: a inicial, a instrução e o julgamento (7).

A cisão da audiência não viola o texto legal, logo, a sua ocorrência não é motivo de nulidade processual. Isso porque: a) o adiamento permite ao reclamante a análise da resposta e dos documentos, o que viabiliza, com maior objetividade, a ocorrência da conciliação, que também é um dos princípios peculiares ao processo trabalhista (art. 764, CLT); b) o adiamento não viola os direitos processuais dos litigantes, com destaque ao do contraditório e da ampla defesa(8); c) o não prejuízo ao reclamante na elaboração da sua estratégia de defesa (produção das provas orais etc.). O adiamento possibilita ao reclamante ter a noção concreta de quais são os fatos efetivamente relevantes e controvertidos e que desafiam a realização das provas orais (relatos pessoais, testemunhais etc.) (9).

Não podemos concordar com o disposto no art. 852-H, § 1º, da CLT, quando no procedimento sumaríssimo enuncia que a parte deverá manifestar sobre os documentos juntados sem a interrupção da audiência, ficando condicionado o respectivo adiamento a critério do juiz. Inegável que a parte tem o pleno direito de analisar a defesa e os respectivos documentos com serenidade, o que não é possível durante o desenrolar da audiência, em poucos minutos, ferindo o princípio constitucional do contraditório e da razoabilidade.

A jurisprudência declina:

"Adiamento da Audiência em Virtude de Doença da Patrona do Autor. Nulidade. Se, por um lado, ainda existe a figura do jus postulandi, *na Justiça do Trabalho, por outro, há de se ver que, se o reclamante optou por ser assistido por um profissional competente, é porque desta forma sentiria maior segurança na instrução processual. Se o pedido de adiamento da audiência, em virtude da doença da patrona do autor, devidamente comprovada, nem sequer foi apreciado, só por isto o processo se encontra eivado de nulidade – quanto mais em se concluindo que, em razão deste vício processual, resultou autêntico prejuízo para o arguente"* (TRT – 3ª R – 1ª T – RO n. 16.931/96 – Rel. Manuel Cândido Rodrigues – DJMG 13.06.97).

"Perícia. Cerceio de Defesa. Encerramento de Instrução. Prova Pericial em Curso. Pena de Confissão. Incorre em cerceio do direito de defesa, o encerramento da instrução probatória, quando em curso prova pericial acolhida e designada pelo Juízo, que, ainda incompleta, impunha o adiamento da audiência em prosseguimento anteriormente designada. O processo não pode traduzir-se numa armadilha para as partes, não podendo seu condutor apegar a tecnicismos para obliterar a livre produção de provas importantes para o deslinde da controvérsia, ainda mais quando, requerida pela parte a quem interessa, foi deferida, e mais adiante, simplesmente negada. Ademais, deve--se verificar que a parte já havia comparecido em juízo e na ocasião não foi colhido o seu depoimento pessoal, porque entendeu-se necessária, antes, a produção da prova técnica. Ora, o que acontece ordinariamente nestes casos é a produção da prova oral após a conclusão da prova pericial, pois que pode haver necessidade de complementação de uma pela outra. O normal, então, seria o adiamento da audiência, jamais o encerramento da prova em face da pena de confissão, incidindo sobre quem já havia comparecido à audiência, que, ademais, é uma" (TRT – 3ª R – 5ª T – AP n. 00802-2003-028-03-00 – Rel. Emerson José Alves Lage – DJMG 27.03.04 – p. 15).

"Cerceio do direito de defesa. 'A justiça existe em função do jurisdicionado. E o ofício do julgador é instruir o processo, dando às partes a possibilidade de ampla defesa (devido processo legal). O princípio da celeridade deverá ter a convivência harmônica com os demais princípios. O juiz que julga ouvindo somente uma das partes poderá até fazer justiça, mas jamais será um juiz justo (Carlos Maximiliano)'" (TRT – 17ª R – RO n. 01282.2000.001.17.00.4 (2782/2002) – Rel. Hélio Mário de Arruda – DOES 02.04.02).

"Antinomia de Segundo Grau. Conflito Entre os Princípios da Preclusão e do Devido Processo Legal/Ampla Defesa. Prevalência dos Últimos em Razão do Princípio da Proporcionalidade. Encerrada a instrução na primeira audiência, excepcionada a juntada posterior da resposta pela ré e a manifestação do autor sobre ela, com prévia adução de razões finais remissivas, tem-se por invertidas as fases postulatória e probatória. A eventual aquiescência do autor quanto ao encerramento da instrução processual antes de estabilizada a lide e conhecidos os limites da litiscontestação não impede a configuração da nulidade do processo, decorrente da formulação e indeferimento de pedido de produção de prova oral, por lesionados os princípios da ampla defesa e do devido processo legal. A antinomia existente entre esses princípios e o princípio da preclusão se resolve em favor dos primeiros, em face do princípio da proporcionalidade que indica a solução que mais preserve o sistema como um todo" (TRT – 12ª R – 1ª T – Ac.

n. 00482/05 – RO-V n. 03525-2003-039-12-00-1 – Rel. José Ernesto Manzi – DJSC 19.01.05).

4. Conclusão

A audiência trabalhista há de ser contínua, com a realização de todos os atos processuais cabíveis e necessários, contudo, a aplicação do princípio da concentração há de ser cotejado com os princípios do contraditório e da razoabilidade. Há determinados momentos, de acordo com as peculiaridades de cada processo, que o adiamento é inevitável, para que o reclamante possa ter o tempo necessário para o exame do teor da resposta e dos documentos pela parte contrária, para que possa explorar, de forma meticulosa, o contraditório.

Bibliografia

JORGE NETO, Francisco Ferreira; CAVALCANTE, Jouberto de Quadros Pessoa. *Direito Processual do Trabalho*. 2. ed. Rio de Janeiro: Lumen Juris, 2005.

LEITE, Carlos Henrique Bezerra. *Curso de Direito Processual do Trabalho*. 4. ed. São Paulo: LTr, 2006.

MARTINS, Sergio Pinto. *Comentários à CLT*. 9. ed. São Paulo: Atlas, 2005.

RUSSOMANO, Mozart Victor. *Comentários à CLT*. 11. ed. Rio da Janeiro: Forense, 1985.

TEIXEIRA FILHO, Manoel Antonio. *Curso de processo do trabalho: perguntas e respostas sobre assuntos polêmicos em opúsculos específicos: n.. 5: audiência*, São Paulo: LTr, 1997.

NOTAS:

1 – Audiência vem do latim *audientia*, que é o ato de escutar, de atender. Do ponto de vista processual, audiência consiste no ato praticado sob a presidência do juiz, a fim de ouvir ou de atender as alegações das partes e de seus procuradores, bem como testemunhas e demais auxiliares do juízo (peritos). Não se confunde com o vocábulo sessão. Sessão compreende a realização de várias audiências ou julgamentos, em que são julgados os processos.

2 – "A unidade decorre do princípio da concentração dos atos em audiência. É uma a audiência, no sentido de que é uma única, sendo que os atos processuais nela desenvolvidos estarão dentro de uma unidade. Contínua porque deve iniciar-se e encerrar-se no mesmo dia, sempre que possível, ou em dia próximo, não sendo interrompida senão em casos devidamente comprovados" (Martins, Sergio Pinto. *Comentários à CLT*, 9ª ed. p. 904).

3 – "Não será possível subdividir a audiência, pois, deve-se observar o prazo de 15 dias (art. 852-B, III, da CLT). É o que já se denomina na própria CLT de audiência una (art. 849) e que não era cumprida pelo excesso de processos, pelo excessivo número de pedidos, por questões complexas, que não podiam ser examinadas numa única audiência. O mesmo poderá ocorrer agora, tornando mais uma vez letra morta o disposto na CLT" (Martins, Sergio Pinto. Ob. cit., p. 913).

4 – No caso de ser inviável a conciliação, haverá a formulação da defesa oral (vinte minutos) ou a entrega da peça escrita. Na sequência, tem-se: a) a produção das provas orais e documentais, com o encerramento da instrução processual; b) razões finais orais (dez minutos) pelas partes; c) renovação da conciliação pelo magistrado; d) prolação da sentença. No procedimento sumaríssimo, a proposta de conciliação somente é obrigatória no início da audiência (art. 852-E, CLT).

5 – "É a aceitação, pela lei trabalhista brasileira, do princípio da concentração

processual, corolário de todo procedimento oral. Se assim não fosse, haveria a possibilidade de ficarem esbatidas, na memória dos juízes, as realidades vivas do processo, que só palidamente ficam conservadas no resumo dos termos e das atas (o que, na prática, não está sendo considerado na Justiça do Trabalho" (Russomano, Mozart Victor. *Comentários à CLT*, 11ª ed. p. 912). 6 – "Referida cisão da audiência decorreu da necessidade, em primeiro lugar, de intensificar-se a conciliação, o que só se tornou possível mediante a inclusão de um maior número de audiências em pauta, nas quais se tenha a solução negociada do conflito, e, não havendo êxito, recebe-se a resposta que o réu tenha para oferecer (inicial); em segundo, de o juiz inteirar-se acerca dos fatos que constituirão objeto da prova (instrução); em terceiro, de permitir-se ao colegiado de primeiro grau formar o seu convencimento com mais vagar, evitando as decisões de afogadilho, que tanto mal soem causar ao direito das partes e ao próprio prestígio dos pronunciamentos jurisdicionais (julgamento)" (Teixeira Filho, Manoel Antonio. *Curso de processo do trabalho: perguntas e respostas sobre assuntos polêmicos em opúsculos específicos: n. 5: audiência*, p.13). 7 – "O costume processual, portanto, acabou fracionando a audiência de julgamento em três: 'audiência de conciliação', 'audiência de instrução' e de 'audiência de julgamento'" (Leite, Carlos Henrique Bezerra. *Curso de Direito Processual do Trabalho*, 4ª ed. p. 429).8 – O princípio do contraditório reflete a necessidade de se ouvir os litigantes, assegurando-lhes o pleno direito de defesa e de pronunciamento durante o desenrolar do processo (art. 5º, LV, CF). As consequências da aplicação do princípio do contraditório são as seguintes: 1) via de regra, a decisão só afeta as pessoas que são partes no processo; 2) a relação jurídica processual se apresenta completa após a regular citação do demandado; 3) a decisão só é prolatada após a oitiva das partes. Como complemento do princípio do contraditório, o princípio da ampla defesa sintetiza uma particular manifestação do direito de reação, ou seja, de aduzir livremente as razões da resposta, da produção de provas e contraprovas, da participação da colheita das provas em audiência, do direito de usar dos recursos etc.9 – "Contudo, não podemos deixar de dizer que, em muitos casos, a realização de audiência contínua só se torna possível mediante o sacrifício de considerável parcela dos direitos processuais dos litigantes, em especial os respeitantes ao contraditório e à ampla defesa. Para exemplificar: se o trabalhador não sabia que o empregador iria alegar, na defesa, a prática de falta grave, como poderia produzir contraprova desse fato, na mesma audiência em que a contestação foi apresentada? Como poderia, também, o trabalhador se manifestar, em poucos minutos, na mesma audiência, acerca dos inúmeros documentos juntados pelo empregador, que poderiam somar dezenas ou centenas? Demais, há situações em que a audiência contínua é inadmissível, como quando o empregador oferece, além da contestação, reconvenção: aqui, o adiamento é inevitável, a fim de permitir-se ao trabalhador responder à reconvenção. O mesmo se afirme quanto às exceções em geral (suspeição, impedimento, incompetência), pois estas, assim que recebidas, suspendem o processo principal (CPC, arts. 306 e 265, III)" (Teixeira Filho, Manoel Antonio. Ob. cit., p. 14).

E, sobre o tema, ainda temos o seguinte texto: http://www.parana--online.com.br/canal/direito-e-justica/news/206599/?noticia=AUDIEN-CIA+TRABALHISTA+UNA+E+O+Princípio+DA+AMPLA+DEFESA

Audiência trabalhista una e o princípio da ampla defesa

Um dos princípios cardeais que informam a Teoria Geral do Processo é aquele que assegura a ampla defesa. Junto com o princípio do contraditório ele compõe o chamado devido processo legal (due process of law). Dada a importância desse enunciado, a sua previsão encontra-se no bojo da própria Constituição Federal, art. 5º, inciso LV.

Questão atual e instigante aos operadores jurídicos do direito do trabalho diz respeito à realização de audiência trabalhista una; vale dizer: estar-se-ia ofendendo o princípio constitucional da ampla defesa a imposição de audiência una às partes? Com outras palavras: exigir que o patrono do Reclamante manifeste-se oralmente, e de pronto, acerca de centenas de documentos e dezenas de arguições trazidas com a defesa constitui procedimento razoável ou atentatório ao princípio da ampla defesa?

É certo que o direito positivo prevê a realização de audiência trabalhista em única assentada. Também é oportuno lembrar que, nos termos do art. 849 da CLT, a audiência trabalhista, a rigor realizada de forma contínua, poderá ser adiada para a primeira pauta desimpedida nos casos de força maior. Como se vê, o próprio legislador deixa clara a possibilidade de fracionar a audiência trabalhista. Forçoso concluir que nas demandas complexas, quais sejam aquelas que versam sobre inúmeros pedidos cumulados incidentes sobre questões de fato ou que careçam de demonstração através de prova documental ou pericial, impõem-se o fracionamento da audiência por motivo de força maior aludido no art. 849 da CLT. Nessas circunstâncias, o magistrado não só pode como deve abrir prazo razoável para que a parte se manifeste sobre os documentos carreados aos autos.

De bom alvitre que o prazo de manifestação sobre os documentos seja de 10 (dez) dias a fim de contemplar, nesse interregno, eventual arguição de falsidade de que trata o art. 390 do CPC. De qualquer modo, no mínimo o prazo há que ser de 5 (cinco) dias a fim de se observar a regra do art. 398 do CPC. Procedimento deste, o qual venha exigir a manifestação oral e imediata do Reclamante acerca da robusta e complexa prova documental, violará frontalmente o princípio constitucional da ampla defesa. É humanamente impossível que o reclamante consiga defender-se a contento num exíguo prazo de minutos em manifestação oral acerca de complexa prova documental. Pior do que isso é a prática de impor ao Reclamante uma manifestação apressada e incompleta dos documentos sem a concessão de tempo hábil para o exame acurado da peça de defesa.

Ademais, não se pode negar às partes o direito a um tratamento igualitário na relação jurídica processual. Logo, se o réu tem a oportunidade de se defender de forma exaustiva e indicar as suas testemunhas já sabendo previamente qual a matéria incontroversa, também deverá ter igual direito o autor, sob pena de ofensa ao princípio do tratamento isonômico.

Como última ratio, não se olvide que quando da colisão de dois direitos fundamentais a solução deve perpassar pelo princípio da proporcionalidade. Assim, quando se está em jogo, de um lado, o prestígio da audiência una e, de outro, o princípio da ampla defesa, deverá o magistrado emitir um juízo de ponderação preferindo o direito de maior grandeza em detrimento do menor. No caso em exame não resta dúvida de que assegurar a ampla defesa ao jurisdicionado é um direito fundamental do cidadão; uma típica cláusula pétrea estampada no rol das garantias individuais de que trata o art. 5º (inciso LV).

Com efeito, diante de ações que envolvam pedidos acumulados e complexos, o juiz deve adotar a lógica do razoável e relativizar o princípio da concentração dos atos em audiência, fracionando-a conforme prevê o art. 949 da CLT.

Não se perca de vista que o processo é um instrumento que se serve o Estado para dirimir a lide. Essa concepção instrumental do processo não comporta interpretações transversas que frustrem sua finalidade maior de solver o litígio entre as partes em rito que observe as garantias processuais das partes. A interpretação teleológica e sistêmica deve sempre preferir a exegese meramente gramatical. Assim, o melhor exercício hermenêutico é aquele que esquadrinha as regras processuais à luz dos princípios constitucionais do contraditório e da ampla defesa. Mencione-se, por exemplo, a dicção do art. 96, I, alínea "*a*" da Constituição Federal que confere aos Tribunais a elaboração de seus regimentos internos "com observância das garantias processuais das partes".

Repare que é na mesma esteira da "impossibilidade" ou "da falta de razoabilidade" que as partes dispensam a leitura da petição inicial ou mesmo que o juiz deixa de prolatar o julgamento dentro da audiência una. Com efeito, poder-se-ia asseverar que ao assim proceder também haveria ofensa a interpretação literal dos artigos 847 e 849 da CLT. Contudo, dentro da dialética forense ninguém, em sã consciência, exigirá que o magistrado prolate a sentença na mesma sessão da audiência nos casos que haja acumulação de pedidos envolvendo matéria complexa e de difícil apuração probatória. Eis aí um critério objetivo para fracionar as audiências: cada vez que a complexidade do processo tiver o condão de impossibilitar até mesmo o magistrado de prolatar a sentença dentro da própria sessão da audiência, deverá também, sob o mesmo motivo, abrir razoável prazo à parte para manifestar-se sobre os documentos juntados, designando nova data para audiência de instrução.

Situações práticas do dia a dia em uma audiência

Nesse tópico iremos demonstrar as situações que ocorrem na prática de uma audiência trabalhista. Como boa leitura, recomendamos o livro do Victor Rafael Derviche, pela editora GEN, Iniciação a advocacia trabalhista.

A diferença entre audiência UNA, inicial, instrução e julgamento se resume ao entendimento do Juiz em ouvir as partes em determinado momento ou posteriormente. Explicamos. Na audiência UNA, usada no rito sumaríssimo, conforme artigo 852-C da CLT, o Juiz tenta o acordo, recebe a defesa, ouve as partes e profere sentença. Já na audiência inicial o Juiz apenas tenta o acordo, não conseguindo recebe a defesa e marca a audiência de instrução.

A audiência de instrução tem o escopo de ouvir as partes e testemunhas, depois disso, será marcada uma data posterior, em que as partes não precisam comparecer, e o Juiz profere a decisão e publica a mesma.

Caso precise fazer alguma alteração na inicial trabalhista ou ainda incluir algum pedido que esqueceu de pleitear na ação, poderá ser feito, antes da tentativa de conciliação, oral ou por escrito.

O Juiz, no caso de aditamento da inicial, irá redesignar nova audiência.

Caso o reclamante não compareça a audiência, o processo será arquivado. Porém o arquivamento da ação trará prejuízos enormes ao cliente é que com o novo Código Civil de 2002, em seu artigo 202, a prescrição somente poderá ser interrompida uma vez. Desta forma, com o arquivamento da ação e posteriormente o ajuizamento de uma nova ação, transcorridos dois anos, o processo deverá ser extinto com resolução do mérito.

Desta forma, para evitar a prescrição, o advogado deverá entrar na sala de audiências e informar o por que do não comparecimento do reclamante em audiência, exemplo doença. Deverá juntar os comprovantes dessas alegações em até 5 dias da audiência. Como base, temos a Súmula n. 22 do TST.

Mesmo que o horário da audiência atrase procure assistir as audiências anteriores para conhecer o estilo do Juiz. E ainda para conversar com as testemunhas e cliente para que os mesmos digam o que está determinado em sua petição, não poderá existir contrariedades entre os fatos descritos na peça com o depoimento das testemunhas. A contradição demonstrará que alguém está mentindo, concorda?

Caso o advogado da outra parte chame o seu cliente para conversar, com educação, diga que você é o representante do mesmo e que está apto a dialogar. Caso cheguem a um acordo, podem entrar na sala de audiência e informar que já fizeram uma transação e o Juiz irá pedir para determinar, num papel, os termos do acordo e já pedirá para o escrevente pôr a termo o acordo, assim adianta-se a pauta e chega-se a uma solução.

Antes de aceitar um acordo, pondere alguns detalhes. Veja o que você está pedindo na sua ação e veja as provas que está fazendo. Lembrando que o ônus da prova está determinado no artigo 818 da CLT combinado com o artigo 333 do CPC. Por exemplo, você está pleiteando vínculo de emprego, mas não prova os fatos, nessa situação qualquer valor será bom para seu cliente. Paciência. Mas se estiver diante de e-mail´s, documentos, testemunhas etc., claro que o valor aumentará e muito para um acordo.

Lembrando que firmando um acordo é importante se ater se o acordo põem fim a qualquer outro pedido e ainda quem está responsável pelo pagamento dos tributos (IR e INSS), artigo 832, parágrafo 3º da CLT.

Realizado um acordo sem a caracterização de vínculo de emprego, não haverá o recolhimento do INSS e não poderá ser contado para efeito de aposentadoria o tempo trabalhado. A Lei n. 8.212/91, em seu artigo 43, determina que havendo um acordo e não caracterizado o vínculo, o valor deverá ser pago a título indenizatório. E uma vez, o acordo, sendo de caráter de indenização, não se recolhe o IR.

O escrevente chamando as partes para o início da audiência, vale lembrar alguns detalhes importantes. Deixe as testemunhas do lado de fora da sala. Deverão entrar apenas o advogado e seu cliente, cada qual com o seu documento de identificação (OAB e/ou RG). Do lado esquerdo do Juiz deverão sentar o advogado e o reclamante e do lado direito o advogado e o representante da empresa (preposto). Não deixe de cumprimentar o Juiz, o escrevente e o outro advogado. Educação nunca é demais. Se ficar em dúvida onde sentar espere o outro advogado e seu cliente se acomodarem.

Iniciada a audiência, não há necessidade do advogado levar as perguntas, por escrito, que deverão ser feitas às partes e testemunhas. Deixe um rascunho do lado e o profissional deverá anotar apenas o essencial, sem delongas. Deverão ser feitas perguntas diretas e objetivas, do tipo: o reclamante fazia horas extras? O reclamante receia algum valor por fora? O local de trabalho era barulhento? Assim, as respostas virão mais fáceis.

Caso na audiência o advogado note que o cliente exagerou nos pedidos, deverá ser feita a renúncia do pedido apenas para evitar a litigância de má-fé.

Se por algum motivo as partes não compareçam na audiência de instrução o Juiz irá julgar a demanda com base no ônus da prova, por isso é importante instruir o processo de documentos. Caso não tenha documentos, antes de distribuir a ação ou a apresentação da defesa, ouça as testemunhas, escreva numa folha os fatos alegados pela mesma, peça que reconheça a assinatura em cartório e junte ao processo. Pra quem não tem provas é um bom caminho.

Nessa linha da raciocínio, se por ventura o Juiz indeferir a testemunha, o que fazer? Deve tentar explicar para o Juiz da importância da oitiva daquela testemunha e, caso o Juiz ainda não aceite, deverá pedir para constar em ata o seu protesto diante da decisão do Juiz.

As testemunhas apenas deverão ser dispensadas pelas partes quando a matéria já estiver provada, ou por confissão ou por documento.

No momento de inquirir a testemunha, poderá contraditar, ou seja, pedir para o Juiz não ouvi-la, por existir ligação da mesma com as partes. O momento de contraditar uma testemunha é logo após sua qualificação (na prática após o momento que ela – testemunha – informa o CEP). O advogado deverá dizer: "pela ordem Excelência! Eu contradito a testemunha por amizade entre ela e a parte". Caso o Juiz não aceite peça que seus protestos sejam determinados em ata. Caso a testemunha contraditada seja sua, peça para o Juiz ouvi-la como informante, apenas (nessa situação não se presta juramento, na prática poderá mentir).

Por fim, o Juiz, pedindo para que as partes realizem em audiência as razões finais, as mesmas deverão ser ditadas pelo advogado ao escrevente informando que determinada testemunha disse tal ponto, que o reclamante informou outro, que o preposto confessou. Caso o advogado esteja em dúvida no que dizer, apenas diga, nas razões finais: "Me reporto à inicial (ou defesas) já apresentada no processo e requer a procedência (ou improcedência) da ação".

Forma da audiência trabalhista:

Nos termos da CLT a audiência trabalhista, qualquer que seja o rito (sumário, sumaríssimo ou ordinário) deveria ser sempre UNA (arts.841 e 852-A) ou seja a proposta conciliatória, apresentação da defesa, instrução do processo e julgamento são realizados em uma única oportunidade, em obediência ao princípio da imediatividade e concentração dos atos processuais , próprios do processo do trabalho.

Na prática, em razão da complexidade de alguns processos e o excesso de processos em pauta, a maioria das Varas do Trabalho tem optado em fracionar a audiência una em três, valendo-se do que dispõe o artigo 843 da CLT:

Inicial: <u>busca conciliação tão somente e em caso negativo, recebe a defesa da reclamada,</u> abrindo-se vista ao reclamante, designando-se nova audiência em continuidade.

Instrução e julgamento: realizada em sequência a audiência inicial, visando a oitiva das partes, das testemunhas do reclamante e reclamado, ou o inverso em caso de inversão do ônus da prova, e demais provas necessárias, julgando o feito ao <u>final ou não</u>, neste caso deverá ficar consignada na ata de audiência a forma pela qual as partes tomarão ciência da sentença = via postal, Diário Oficial ou na forma do Enunciado 197 do TST = daí a importância do advogado ler o DOU ou contratar em empresa de recortes.

Julgamento: Destinado somente ao Juízo para o julgamento do processo, sem a presença das partes, sendo que as partes terão ciência da decisão, via postal, oficial de justiça, imprensa oficial ou pelo Enunciado 197, que declara que as partes dão-se por notificadas no dia e hora marcados para a publicação da decisão.

Em doutrina encontramos a posição de doutrinadores que afirmam que a audiência UNA não seria conveniente, porque dificulta a réplica do reclamante, ferindo a garantia constitucional da ampla defesa, do contraditório e o consequente, devido processo legal, exceção feita ao procedimento sumaríssimo onde a parte, em regra geral, será instada a se manifestar sobre os documentos em audiência (art. 852 -H, parágrafo 1º, CLT).

Dever de comparecimento das Partes na Audiência

O artigo 843 da CLT estabelece o dever de comparecimento pessoal do reclamante, (salvo em se tratando de reclamação plúrima ou ação de cumprimento, quando este poderá ser representado pelo sindicato da categoria) e também da reclamada às audiências, independentemente de seus representantes ou advogados.

Observe-se no entanto, que nas ações de cumprimento, ainda que o legislador empregue o termo representar, na verdade, o sindicato pode atuar como substituto processual dos substituídos. É ao autor da ação, atua em nome próprio, na defesa dos substituídos. Sendo dispensável o comparecimento pessoal dos substituídos, titulares do direito material em juízo.

Também quando se tratar de reclamação plúrima os empregados poderão se fazer representar pelo sindicato da categoria, sendo permitido também ao juiz que autorize os autores serem representados por um grupo ou comissão dos litisconsortes.

Consequência do não comparecimento das partes

O artigo 844 da CLT deixa certo que a ausência do reclamante na audiência de julgamento importa no arquivamento da reclamação (podendo intentar nova ação, <u>devendo ser observado o prazo de 6 meses</u> entre <u>a segunda e terceira propositura,</u> (art. 732 CLT), e o não comparecimento da reclamada importa revelia, além de confissão quanto a matéria de fato

Arquivamento

De acordo com a norma processual celetista a ausência do reclamante na audiência de julgamento importa no arquivamento da reclamação.

O artigo 843, parágrafo 2º da CLT, também deixa certo que ocorrendo motivo relevante, o reclamante pode se fazer substituir por colega de profissão ou sindicato se estiver doente. Haverá o adiamento da audiência nessa hipótese, mesmo porque o representante do reclamante não poderá fazer confessar, transigir (fazer acordo) etc...

Revelia

A falta de comparecimento da reclamada na audiência de julgamento importa na revelia, sendo certo que a jurisprudência do TST vem se firmando no sentido de que: **"A reclamada ausente à audiência em que deveria apresentar defesa, é revel ainda que presente seu advogado munido de procuração, podendo ser elidida a revelia mediante a apresentação de atestado médico, que deverá declarar, expressamente, a impossibilidade de locomoção do empregador ou do preposto no dia da audiência".**

Na audiência a pessoa jurídica deverá ser representada pelos sócios ou preposto com carta de proposição, que deverá ser pessoa que tenha conhecimento dos fatos, cujas declarações obrigarão o proponente.

O preposto do empregador, desde que munido da respectiva carta de preposição, está apto a praticar atos de audiência, tais como contestar, requerer provas, arguir nulidades, apresentar razões finais, inclusive transigir (fazer acordos). No entanto, também submete o proponente a todas as consequências negativas oriundas do mau exercício da preposição, confissão, preclusão para arguir nulidades etc...

Os poderes de representação do preposto se esgota na audiência, o que não ocorre quando a representação se dá pelo representante legal da reclamada, que em vista do *jus postulandi*, está apto a continuar praticando atos processuais no processo.

Também se tem certo que não há qualquer inconveniente do preposto ser testemunha da empresa, desde que se tratem de processos distintos.

Falta de carta de Preposição – irregularidade de representação deve ser concedido prazo para regularizar a representação – (artigo 13 do CPC). Na realidade o juiz deveria suspender os trabalhos e conceder prazo para regularizar, mas em vista do princípio da celeridade, de regra, concedem prazo para a regularização, sem suspender o processo, dando continuidade aos trabalhos de audiência.

No entanto, é sabido que a carta de preposição é o documento hábil para se provar a qualidade de preposto e, via de regra a legitimidade da representação da reclamada. por essa razão a jurisprudência entende que considera-se ausente na audiência a Ré quando o preposto não prova sua condição de representante, deixando de regularizar sua representação no prazo assinalado pelo juiz, entendendo ainda correta a decisão, que não aprecia a defesa apresentada e declara a revelia e confissão ficta da reclamada.

Advogado Preposto

O artigo 3º da Lei n. 8.906/94 (estatuto da OAB) proíbe que o advogado funcione no processo simultaneamente como preposto e como advogado do cliente. As partes poderão fazer-se acompanhar de advogado, que deverá apresentar o competente mandato, que poderá ser tácito ou *apud acta*, com poderes simples, ou escrito, por instrumento público ou particular, com poderes especiais e específicos, sendo dispensável o reconhecimento de firma. O Advogado, em caso urgente, poderá postular em Juízo e requerer a juntada do instrumento em 15 dias, prorrogáveis por mais 15 dias por despacho do Juiz (art. 37 CPC).

Revelia e Confissão Ficta

Revelia é a ausência de defesa. Não se trata de pena ou sanção (natureza jurídica de fato jurídico – acontecimento capaz de produzir efeitos jurídicos); na verdade trata-se de uma faculdade conferida ao réu de não defender-se. O efeito da revelia é a confissão ficta, ou seja, presunção relativa de veracidade dos fatos alegados na petição inicial prosseguindo-se o processo, sendo certo que o revel poderá intervir em qualquer fase processual recebendo o processo no estado em que se encontra. A confissão ficta limita-se a fatos, não alcança direitos.

> "REVELIA. PREPOSTA. COMPROVAÇÃO DA QUALIDADE DE EMPREGADA POR FICHA DE REGISTRO. Tendo a reclamada, diante de determinação do Juízo de Origem quanto à comprovação da qualidade de empregada da preposta que compareceu à audiência através de cópias de sua CTPS, juntando cópias de sua ficha de registro de empregado, cumpre a exigência que afasta a revelia. Ademais, ainda que assim não fosse, impositivo aplicar apenas a ficta confessio à reclamada, pois o advogado legalmente constituído esteve presente à mesma audiência e apresentou contestação por ele firmada legitimamente, hábil ao afastamento da revelia que, em última análise, se consubstancia pela ausência de defesa." (TRT/SP – 03036200502002001 – RO – Ac. 10ª T 20090083436 – Rel. SÔNIA APARECIDA GINDRO – DOE 03.03.2009)

A presunção de Veracidade dos Fatos não Ocorrerá

– Se houver pluralidade de réus e algum deles contestar a ação;

– Se o litígio versar sobre direitos indisponíveis;

– Ou, ainda, quando a petição inicial não estiver acompanhada de instrumento público que a lei repute indispensável à prova do ato.

A revelia não se confunde com a contumácia que se refere ao não comparecimento da parte em juízo, e pode ocorrer em qualquer fase do processo. A revelia por sua vez é a não apresentação de defesa pelo réu.

Consequências do não comparecimento das partes na audiência em prosseguimento:

Nos termos do entendimento sumulado pelo Tribunal Superior do Trabalho, Súmula n. 9 do TST – A ausência do reclamante quando adiada a instrução após ser contestada a ação em audiência não importa no arquivamento da reclamação.

Também a Súmula n. 74 TST estabelece que aplica-se confissão a parte que, expressamente intimada para comparecimento na audiência em prosseguimento, deixa de comparecer.

Propostas Conciliatórias

O artigo 846 da CLT dispõe que aberta a audiência o juiz proporá a conciliação

No processo do trabalho, quando a ação se processa pelo rito ordinário, o juiz em dois momentos processuais deve formular a proposta conciliatória. A primeira tentativa deve ocorrer logo na abertura da audiência (art. 846 CLT) antes da apresentação da defesa e a segunda após as razões finais (art. 850 CLT) antes da sentença, não havendo impedimento para a conciliação entre as partes em qualquer fase do processo. Ressalta-se, no entanto, que mesmo ultrapassado o momento processual previsto na lei, as partes poderão pôr fim ao processo mediante a celebração de acordo (artigo 764 da CLT)

Havendo acordo o termo que for lavrado valerá como decisão irrecorrível, salvo para a previdência social quanto as contribuições devidas ao órgão arrecadador (artigo 831 parágrafo 1º). Só por ação rescisória é que pode ser atacado o termo de homologação de acordo. Não havendo acordo o juiz abrirá o prazo para oferecimento da defesa. (Súmula n. 259 do TST)

Falta de Proposta conciliatória

Alguns autores defendem o entendimento que as propostas conciliatórias expressamente previstas em lei constituem matéria de ordem pública e que a inobservância do disposto nos artigos 846 e 850 da CLT constitui nulidade absoluta. Outros, no entanto, entendem que em vista do disposto no artigo 764 parágrafo 3° onde se tem que as partes poderão licitamente celebrar acordo que ponha fim ao processo mesmo depois de encerrado o juízo conciliatório, a ausência das propostas nao produzem prejuízos aos litigantes e por essa razão não importa em nulidade.

DAS RESPOSTAS DO RECLAMADO

Nos termos do disposto no artigo 847 da Consolidação das Leis do Trabalho, a defesa da reclamada deverá ser apresentada em audiência, oralmente, no prazo de 20 minutos. No entanto, a praxe sedimentou a prática da empresa apresentar defesa escrita. Por outro lado, da análise do referido dispositivo legal verifica-se que o legislador adotou a expressão defesa pretendendo englobar todas as formas de ataque da reclamada a pretensão do reclamante, de maneira que neste momento processual poderá ser apresentada exceção, contestação, reconvenção aplicando-se subsidiariamente o artigo 297 do Código de Processo Civil, sendo certo que as duas primeiras são realmente defesa do réu, mas a última não se trata de resposta, mas de verdadeiro ataque do réu em face do autor, trata-se de ação e não de defesa.

Defesa indireta do processo – Sempre que forem discutidos pressupostos para o válido desenvolvimento do processo, e podem ser de **caráter dilatório** ou de **caráter peremptório**, quando se pretende pela via processual impedir a discussão de direito material em conflito.

Defesa indireta de mérito, que se poderia chamar de prejudiciais do próprio mérito da ação, quando se pretende atacar o mérito, sem precisar discutir a própria pretensão, é o caso de arguição de prescrição e decadência, em que o processo é extinto com julgamento de mérito (art. 269, IV, do CPC); **Defesa de mérito**, em que o réu pretende ver a ação julgada em sua essência e substância, com a improcedência da pretensão do autor.

A seguir vamos analisar as formas de defesa do reclamado no processo trabalhista.

Defesa indireta do processo de caráter dilatório – exceção

I – A exceção constitui uma forma de defesa processual ou defesa indireta, contra defeitos, irregularidades, ou vícios do processo, que impedem seu desenvolvimento regular, não se discutindo o mérito da questão, onde o réu, sem negar os fatos articulados pelo autor, opõe fatos extintivos ou impeditivos ligados ao processo. Observe-se também que em algumas hipóteses pode também ser oferecida pelo autor.

Só suspendem o andamento do processo as exceções de suspeição, impedimento e de incompetência (art. 799 da CLT). As outras antigas exceções não suspendem o andamento do feito, sendo alegadas como matéria de defesa (parágrafo 1º do art. 799 da CLT). Até que se decida a exceção, o processo não terá andamento.

Da Exceção de Impedimento

Conforme se verifica, a norma celetista não menciona no artigo 799 a possibilidade de ser oposta exceção de impedimento, mas esta é cabível, e a ausência do tratamento normativo, é decorrente do fato de que o referido instituto foi previsto no Código de Processo Civil de 1973, de maneira que considerando-se que a CLT foi editada em 1943, não existia ainda a figura à época em que foi publicada.

O impedimento é causa de nulidade do processo, pois a norma processual deixa certo que o juiz não pode funcionar nos processos nas hipóteses tratadas no CPC. Ex: I – em que for parte; II – em que interveio como mandatário da parte, oficiou o perito, funcionou com Órgão do Ministério Público, ou prestou depoimento como testemunha; III – quando seu cônjuge ou qualquer parente seu estiver postulando como parte ou como advogado da parte etc.

Exceção de Suspeição

A suspeição está regulada no artigo 801 da CLT, e ocorre em relação ao juiz à pessoa dos litigantes e não de seus procuradores. Mas, o juiz poderá dar-se por suspeito caso houver amizade íntima com o advogado da parte, de modo a caracterizar a parcialidade, aplicando-se então o parágrafo único do artigo 135 do CPC, pois grande parte da doutrina entende que as hipóteses do artigo 801 são meramente exemplificativas, aplicando-se de forma subsidiária todas as hipóteses do artigos do CPC.

Dá-se a suspeição nos seguintes casos: (artigo 801)

- inimizade pessoal;

- amizade íntima;

- parentesco por consanguinidade ou afinidade até terceiro grau civil;

- interesse particular na causa.

Exceção de Incompetência Relativa

A incompetência em razão do lugar deve ser arguida através de exceção, sendo certo que a incompetência absoluta de regra deve ser arguida como preliminar de contestação, conforme previsto no artigo 799 parágrafo primeiro da CLT.

Caso não seja arguida a incompetência relativa pela parte tem-se que a incompetência se prorroga, tornando juízo plenamente competente para dirimir o litígio, ademais, segundo entendimento do STJ, não pode ser reconhecida de ofício pelo juiz (Súmula n. 33 do STJ)

Forma da Exceção

No processo do trabalho não há uniformidade na doutrina se a exceção for processada em apenso aos autos principais ou nos próprios autos da ação trabalhista. No entanto, a corrente mais aceita é a segunda, em vista do princípio da simplicidade e da existência do *jus postulandi* no processo do trabalho.

A decisão proferida por ocasião do julgamento da exceção tem natureza de decisão interlocutória.

Da Preclusão para se Arguir Suspeição ou Impedimento

A imparcialidade do juiz é pressuposto de desenvolvimento válido e regular do processo. A suspeição e o impedimento, se confirmadas, geram a necessidade do afastamento do Magistrado, remetendo-se os autos para seu substituto.

No processo do trabalho a oportunidade para ser oposta a exceção de suspeição (e de impedimento) é a primeira vez em que o excipiente tiver de falar nos autos ou em audiência (art. 795 da CLT) após a ciência do fato legalmente descrito como fundamento da suspeição ou do impedimento, este de natureza objetiva, aquela, subjetiva.

As hipóteses previstas no art. 801 da CLT são exemplificativas, aplicando-se, subsidiariamente, os arts. 134 e 135 do CPC, apesar da divergência doutrinária sobre a questão, bem como sobre à figura do impedimento, não prevista expressamente na CLT.

Momento para se Arguir Impedimento

As causas geradoras de impedimento têm natureza objetiva, estão expressamente capituladas na lei, ou seja, nas hipóteses tratadas no CPC, e que, nessas hipóteses, haverá uma presunção absoluta de imparcialidade do juiz, e por essa razão, o vício sobrevive ao trânsito em julgado da decisão, podendo ser alegada em qualquer tempo (passível de ser rescindida a decisão por ação rescisória – artigo 836 da CLT).

Suspeição

A preclusão do direito de excepcionar de suspeição ocorrerá em momentos diversos do processo, tendo como parâmetro, em relação a ambas as partes, mas deverá ser arguida no primeiro momento de sua manifestação após a ciência do fato. Passada esta primeira oportunidade sem manifestação – seja do réu ou do autor – estará preclusa. O parágrafo único do art. 801 da CLT é claro em estabelecer as situações que determinam o momento a partir do qual haverá preclusão:

> Se o recusante houver praticado algum ato pelo qual haja consenso na pessoa do juiz, não mais poderá alegar exceção de suspeição, salvo sobrevindo novo motivo. A suspeição não será também admitida, se do processo constar que o recusante deixou de alegá-la anteriormente, quando já a conhecia, ou que, depois de conhecida, aceitou o juiz recusado ou, finalmente, se procurou de propósito o motivo de que ela se originou.

Observe-se que o marco da preclusão quanto à exceção de suspeição no processo civil é diverso: o CPC estabelece o prazo de 15 dias contado do fato que ocasionou a suspeição.

Processamento

Oposta a exceção, o juiz suspende o processo, e em se tratando de exceção de incompetência o juiz abre vista dos autos ao exceto para manifestação em 24 horas improrrogáveis devendo a decisão ser proferida na primeira audiência ou sessão que se seguir (artigo 800 da CLT). Dispõe o artigo 802 que apresentada a exceção de suspeição ou impedimento, o juiz ou Tribunal, designará audiência no prazo de 48 horas, para julgamento e instrução da exceção.

No entanto, com o fim das Juntas de Conciliação e Julgamento, a doutrina defende que a competência para decidir as exceções de impedimento e suspeição, deixou de ser do juiz, aplicando-se o disposto no CPC, que estabelece a competência do juízo *ad quem* pois o juiz é parte diretamente interessada.

Defesa Indireta contra o Processo de Caráter Peremptório

Também conhecidas como Objeção – ou Preliminares Processuais Arguidas em Contestação:

Preliminares são matérias de defesa processual que o réu deve suscitar ao juiz antes de adentrar a procedência ou improcedência dos fatos e pedidos descritos na petição inicial O artigo 301 do CPC, estabelece que antes de discutir o mérito dos pedidos, o réu deve alegar, como preliminares na contestação as seguintes matérias:

- inexistência ou nulidade de citação;
- incompetência absoluta;
- inépcia da inicial;
- litispendência;
- coisa julgada;
- perempção a perda temporária do direito de ação especial do processo trabalhista; (arts. 731, 732 CLT)
- conexão;
- continência;
- carência de ação;
- incapacidade da parte, defeito de representação ou falta de autorização;

- convenção de arbitragem;

- carência da ação;

- falta de caução ou de outra prestação que a lei exige como preliminar.

Defesa Indireta de Mérito – Prejudiciais de Mérito

São matérias arguidas pela reclamada sempre que pretende um pronunciamento de mérito, sem discutir a própria pretensão, quando houver prescrição ou decadência do direito.

Prescrição é a extinção da pretensão do titular do direito violado pelo decurso do tempo estabelecido em lei, no qual permaneceu inerte, de acordo com a tese adotada pelo novo Código Civil em seu art. 189 (violado um direito, nasce para o seu titular uma pretensão, extinta pela prescrição se o titular permanecer inerte).

Alguns autores – Maria Helena Diniz – ainda seguem a tese antiga, de Clóvis Beviláqua, para quem a prescrição é a perda do direito à ação, pelo transcurso do tempo, em razão de seu titular não o ter exercido.

PRESCRIÇÃO. ARGUIÇÃO EM DEFESA. NÃO APRECIAÇÃO EM SENTENÇA. PRECLUSÃO. Embora arguida a prescrição total e quinquenal, como prejudicial de mérito na peça defensiva, o Juízo de Primeiro Grau não apreciou a matéria quando da decisão de mérito e, não tendo sido essa omissão objeto de embargos de declaração, a hipótese não permite nenhuma outra medida, posto já se encontrar a prestação jurisdicional concluída, estando preclusa a matéria, inviabilizada, por isso, a apreciação pela Instância Revisora. Descabe invocar a Súmula n. 153 do C. TST que discorre acerca da possibilidade de conhecimento e apreciação da prescrição arguida em sede recursal, ainda que não arguida por ocasião da defesa, não sendo essa a hipótese destes autos, onde, em efetivo houve arguição anteriormente à r. sentença, esta que nada disse, não tendo sido a omissão objeto de embargos, razão porque exsurge preclusa. (TRT/SP – 02437200707002002 – RS – Ac. 10ªT 20081042145 – Rel. SÔNIA APARECIDA GINDRO – DOE 13.01.2009)

Indenização por dano moral e material decorrente de acidente do trabalho, com origem na relação de emprego, sofre a incidência da prescrição trabalhista, nos termos do art. 7º, XXIX, da CF/88. (TRT/SP – 00953200626202003 – RO – Ac. 3ªT 20081100471 – Rel. SERGIO J. B. JUNQUEIRA MACHADO – DOE 13.01.2008)

AGRAVO DE PETIÇÃO. EXECUÇÃO FISCAL DE VALORES IRRISÓRIOS.PRESCRIÇÃO. DECLARAÇÃO DE OFÍCIO. Decorridos mais de 05 (cinco) anos de arquivamento dos autos sem baixa na distribuição, nas execuções fiscais de valores irrisórios, e, intimada a se pronunciar sobre o decurso do prazo de que trata o § 4º do art. 40 da Lei n. 6.830/80, acrescentado pela Lei n. 11.051/2004, a exequente alega inexistência de inércia de sua parte, vez que determinado o arquivamento do feito com fundamento no art. 20 da MP 1973-67, cabe ao Judiciário declarar, de ofício, a extinção do crédito tributário, pela prescrição intercorrente. Consequentemente, não será juridicamente viável à Fazenda Pública a dedução de sua pretensão em juízo, posto que esta, também, estará extinta. Agravo de petição a que se nega provimento. (TRT/SP – 00206200646602007 Ac. 3ªT 20090051526 – Rel. MARIA DORALICE NOVAES – DOE 20.02.2009)

PRESCRIÇÃO. APOSENTADORIA ESPONTÂNEA. EXTINÇÃO DO CONTRATO DE TRABALHO. FGTS. MULTA DE 40%. A aposentadoria espontânea não provoca a extinção do contrato de emprego se o empregado permanece prestando serviços ao empregador após a jubilação. Todavia, não havendo continuidade na prestação de serviços e discutindo-se o direito à multa de 40% do FGTS, o prazo prescricional começa a fluir do evento da aposentadoria. Recurso a que se nega provimento. (TRT/SP – 01859200705602004 – RO – Ac. 8ªT 20090088926 – Rel. SILVIA T. DE ALMEIDA PRADO – DOE 03.03.2009)

PRESCRIÇÃO INTERCORRENTE. INADMISSIBILIDADE NO PROCESSO DO TRABALHO. A lei trabalhista denota a relevância com que o legislador tratou a fase de execução, uma vez que possibilitou a qualquer interessado, bem como autorizou ao próprio juiz, de ofício, que promova a execução do título judicial, conferindo interesse público ao procedimento executório (art. 878 da CLT). A execução trabalhista não é uma ação propriamente dita, mas uma fase imediatamente posterior ao rito de conhecimento. Desta forma, não se sujeita aos mesmos limites temporais daquele no que tange à prescrição. Nos termos do disposto na Súmula 114 do TST, é inadmissível a prescrição intercorrente nesta Justiça Especializada. (TRT/SP – 00310200440202000 – AP – Ac. 4ªT 20090094365 – Rel. SERGIO WINNIK – DOE 06.03.2009)

Decadência é a perda de um direito em decorrência da ausência de seu exercício, ou seja, por não ter sido exercido dentro do prazo legal. Na Decadência é o próprio direito e não apenas a faculdade de propor a ação que se perde, ou, conforme a nova doutrina, a pretensão (prescrição).

Arguição da Prescrição – Momento

O artigo 193 do novo código civil estabelece que a prescrição pode ser arguida em qualquer grau de jurisdição a quem ela a quem ela aproveita, no entanto, a Súmula n. 153 do TST estabelece que **"não se conhece da prescrição não arguida na instância ordinária."**

Por instância ordinária compreende-se a fase do processo caracterizada pelo exame amplo das questões componentes da lide, quer seja matéria de direito, quer seja matéria de fato. Trata-se, pois, da fase processual de contraditório e da oportunidade de veiculação de matérias novas, e por essa razão, pode-se afirmar que até em razões de recurso ordinário ou em razões de recurso ordinário adesivo, é cabível a arguição da prescrição.

Na Sustentação oral já não é mais possível porque não há como ser assegurado o contraditório. E também não pode ser arguida em embargos de declaração, pois estes somente têm cabimento em caso de omissão, obscuridade e contradição, não sendo hábil para veicular alegações novas.

Defesa de Mérito

Em relação ao mérito poderá o reclamado adotar duas modalidades de defesa:

Defesa Direta de Mérito-Negação do fato constitutivo do direito do autor. Ex. Não é empregado.

Defesa indireta de Mérito: Reconhece o fato constitutivo do direito, mas opõe um fato extintivo (já foi efetuado o pagamento, transação, prescrição etc.), impeditivo (dispensa se deu por justa causa, não é devido a indenização) ou modificativo do direito do autor (reclamante pede reajuste salarial previsto em norma coletiva de 6% a partir de janeiro. A empresa alega que o reajuste é para ser pago somente a partir de maio.

COMPENSAÇÃO – Também por se tratar de defesa indireta de mérito, sempre que duas pessoas reúnem entre si as qualidades de credoras e devedoras reciprocamente, poderão requerer ao juiz que os créditos sejam compensados.

Trata-se de instituto do direito material e, no processo do trabalho, só podem ser compensadas dívidas de natureza trabalhista (Súmula n. 18 do TST), e, ainda, conforme disposto no artigo 767 da CLT, só pode ser invocado como matéria de defesa, ou seja, na contestação. Impossível ser requerida na fase recursal ou na fase de execução. (Súmula n. 48 do TST)

Diferença entre Compensação e Dedução – A compensação não se confunde com dedução, pois aquela para ser deferida necessita ser requerida (pedido expresso) enquanto que esta pode ser concedida de ofício para evitar-se enriquecimento sem causa.

A RETENÇÃO consiste no direito da reclamada manter em seu poder (reter) alguma coisa do autor reclamante até que o mesmo quite sua dívida com a empresa, só podendo ser arguida como matéria de defesa, no prazo desta, sob pena de preclusão (art. 767 da CLT). Ex.: contribuições de imposto de renda ou previdenciárias incidentes sobre valores que devem ser recolhidos pelo empregador de valores pagos ao reclamante (artigo 46 da Lei n. 8.541/92)

A RECONVENÇÃO não se trata de modalidade de resposta do réu consiste em um contra-ataque do réu em face do autor, no mesmo processo, dando origem a uma nova demanda com os polos invertidos: o autor passa a ser réu e o réu, autor na demanda reconvencional. Na reconvenção há uma cumulação objetiva de ações (principal e reconvenção). Deve ser proposta no prazo de defesa e será tratada como ação conexa. Por ser facultativa, caso não seja intentada no prazo mencionado, persistirá a possibilidade do direito ser pleiteado de forma autônoma (entretanto, se proposta a ação independente antes da sentença, também ocorrerá a conexão).

A reconvenção é medida de economia processual e majoritariamente aceita pela doutrina trabalhista, havendo maior cizânia quanto à incompatibilidade da reconvenção nos procedimentos sumário e sumaríssimo. (Renato Saraiva entende que é cabível em todos os procedimentos trabalhistas).

Processamento – apresentada a reconvenção, o juiz deverá conceder prazo para o reclamante se manifestar sobre a reconvenção de no mínimo 5 dias (artigo 841 da CLT) salvo se abrir mão desse prazo e oferecer sua defesa na própria audiência. Embora sejam processadas no mesmo processo, ambas as açõestêm vida própria, de maneira que se o reclamante não contestar a reconvenção será revel e confesso quanto a matéria de fato tratada na reconvenção. A desistência da ação, por parte do autor não implica na desistência da reconvenção, que será processada normalmente até a sentença, o mesmo acontecendo em caso de desistência da reconvenção. Nos termos do artigo 318 do CPC, ação e reconvenção serão julgadas na mesma sentença.

Ações Dúplices e Reconvenção

Nas ações dúplices, como no caso do inquérito para apuração de falta grave, é controvertido o cabimento de reconvenção, salvo se o objeto da reconvenção for mais amplo do que a ação.

Contestação por Negativa Geral

O Princípio da Impugnação Especificada previsto no artigo 302 do CPC aplica-se no processo do trabalho, por força do disposto no artigo 769 da CLT. Segundo as regras estabelecidas por este princípio, não se admite a contestação de forma genérica. A contestação por negativa geral é ineficaz e redunda em serem presumidos como verdadeiros os fatos articulados na petição inicial, salvo se apresentada por advogado dativo, curador especial ou órgão do Ministério Público.

Princípio da Eventualidade

De acordo com o princípio da eventualidade todos os meios de defesa devem ser apresentados em uma única oportunidade processual, ou seja, deve ser arguida no momento da contestação toda a matéria de defesa, sob pena de preclusão, salvo direito superveniente, questões de ordem pública ou matérias que a lei permite serem conhecidas a qualquer tempo e grau de jurisdição.

Seguem os modelos de respostas trabalhista, para que o leitor tenha uma base de como é feita na prática:

EXCELENTÍSSIMO SENHOR DOUTOR JUIZ DA ___ VARA DO TRABALHO DA _____.

Processo n. ___

"B", com inscrição no CNPJ/MF n._, estabelecida à rua n., bairro, cidade, estado, CEP, com endereço eletrônico _____, por seu advogado que esta subscreve, com endereço profissional à rua n., bairro, cidade, estado, CEP, aonde deverá receber as intimações (procuração em anexo), vem respeitosamente à presença de Vossa Excelência, apresentar:

CONTESTAÇÃO

Com base no artigo 847 da CLT, na Ação Trabalhista proposta por "A", já qualificado no processo acima descrito, diante dos fatos e fundamentos a seguir expostos:

1) RESUMO DA AÇÃO TRABALHISTA

Ocorre que o reclamante, que exercia a função de gerente na loja, moveu Ação trabalhista em face da reclamada pleiteando equiparação com paradigma "C" – sendo que este último foi contratado há mais de dois anos da contratação de "A" –, horas extras e reflexos, além da integração da assistência médica e odontológica no seu salário.

2) DA PREJUDICIAL DE MÉRITO

2.1) DA PRESCRIÇÃO QUINQUENAL

Este tópico trata da prescrição quinquenal protegida pela CLT. Ocorre que o reclamante laborou para a reclamada de 16.09.2004 até 11.11.2009.

Como fundamento legal, o artigo 11, I da CLT determina que o direito de ação quanto a créditos trabalhistas, prescreve em cinco anos para o trabalhador urbano, até o limite de dois anos após a extinção do contrato.

Como fundamento jurídico, conforme o artigo supracitado, este busca a garantia do bem social. Além disso, esse prazo prescricional deve ser respeitado, a fim de que o princípio do devido processo legal seja respeitado.

Por fim, requer a declaração da prescrição quinquenal sobre os direitos do empregado.

3) DO MÉRITO

3.1) DO NÃO CABIMENTO DE HORA EXTRA PARA CARGO DE GERENTE

A reclamante, que foi demitida sem justa causa e recebeu suas verbas rescisórias, ingressou com Ação trabalhista em face da reclamada para pleitear horas extras, sendo que a mesma trabalhava como gerente e possuía uma jornada diária superior a oito horas.

Diante dos fatos, conforme o artigo 62, I da CLT, os gerentes não gozam dos adicionais de hora extra.

Como fundamentação jurídica, o artigo acima deve ser obedecido, posto que é uma regra legal, estando em consonância com o princípio constitucional do devido processo legal, que estabelece regras processuais.

Por fim, requer a improcedência do pedido da reclamante quanto ao adicional de hora extra.

3.2) DO NÃO CABIMENTO DA EQUIPARAÇÃO SALARIAL EM FACE DO PARADIGMA

A reclamante, que foi admitida em 16.09.04 e demitida em 11.11.09 apresentou como um de seus pedidos, a equiparação salarial em face do paradigma "C", que foi contratado em 03.07.02, recebendo salário superior.

Como fundamento legal, o artigo 461, parágrafo 1º da CLT em sua parte final, determina que não haverá equiparação salarial entre pessoas cuja diferença de tempo de serviço seja superior a dois anos.

Como fundamentação jurídica, diante da previsão legal supracitada, o princípio da legalidade deve ser atendido, no sentido de que não há que se falar em equiparação salarial a favor da reclamante.

Por fim, requer a improcedência do pedido da reclamante quanto à equiparação salarial em face do paradigma.

3.3) DA NÃO OBRIGATORIEDADE DE INTEGRAÇÃO DE ASSISTÊNCIA MÉDICA E ODONTOLÓGICA

A reclamante pede a integração da assistência médica e odontológica em seu salário.

Conforme artigo 458, parágrafo 2º, IV da CLT, a assistência médica e odontológica não serão consideradas como salário.

Como fundamentação jurídica, o artigo descrito anteriormente busca definir quais valores devem e quais aqueles que não devem ser integrados, a fim de que determinadas utilidades concedidas pelo empregador não sejam consideradas como salário.

Por derradeiro, requer a improcedência do pedido da reclamante quando à integração da assistência médica e odontológica no salário da mesma.

Caso ocorra a condenação da reclamada, que sejam compensados todos os valores já pagos à reclamante, inclusive os fiscais e previdenciários.

Alega provar os fatos por todos os meios de provas e admitidos pelo Direito.

Nestes termos,

Pede deferimento

Local e data

_____(assinatura do advogado)

Nome do advogado

OAB/___ n. :____

EXCELENTÍSSIMO SENHOR DOUTOR JUIZ DA ___ VARA DO TRABALHO DE _____.

Processo n. ____

"**EMPRESA**", já devidamente qualificada no processo n. :...., que move o EMPREGADO A, por seu advogado que esta subscreve (procuração em anexo), com endereço profissional à Rua..., n. :..., Bairro:..., Cidade:..., Estado:..., local este onde recebe as devidas intimações, vem à presença de Vossa Excelência, e com fulcro no artigos 847 da CLT, opor:

CONTESTAÇÃO

Pelos motivos de fato e de direito a seguir expostos:

Em síntese pleitea o reclamante horas extras e exercia as funções de gerente.

1) RESUMO DO CONTRATO DE TRABALHO

O reclamante foi contratado em São Paulo para exercer as funções de gerente na reclamada, quando este fez um empréstimo junto a reclamada de R$ 10.000,00, quando foi demitido, além de não quitar a dívida do empréstimo e este moveu reclamação trabalhista em Salvador.

2) MÉRITO

2.1) Do não cabimento as horas extras devidas ao reclamante pelo motivo deste exercer o cargo de gerente.

Quando o reclamante foi admitido na reclamada este foi exercer o cargo de gerente, cargo este de confiança.

Segundo o artigo 62, II e parágrafo único da CLT, salienta que em todas as atividades empresariais coexistem a capacidade administrativa e a técnica e a sua remuneração dispensa a contagem de relógio e seria paradoxal acreditar que o responsável pela produção, com centenas de empregados sob o seu comando, pois tem seu salário acrescido de 40% sobre o salário efetivo.

Corroborando com este entendimento a Súmula 102, VII da CLT, dispõe para aquele que percebe gratificação não inferior ao terço legal, não tem direito as horas extras, mas tão somente às diferenças de gratificação de função.

Tem o mesmo entendimento o professor Renato Saraiva em sua obra "Direito do Trabalho", editora Método, 7ª edição, página 210, destaca:

> "Também os trabalhadores que exercem cargo de confiança, de gerência, com poderes de mando, comando e gestão na empresa, desde que percebam um padrão mais elevado de vencimentos do que os demais obreiros (percebendo gratificação nunca inferior a 40% do salário efetivo), estarão excluídos do controle de jornada, não sendo devidas as horas extras eventualmente prestadas."

Destarte destacar que os obreiros que exercem atividades de gerência estão excluídos do pagamento de horas extras, como destaca a doutrina, Súmula e lei vigênte.

Por fim, requer a improcedência dos pedidos de horas extras em virtude do cargo exercido na reclamada, além disso que o empréstimo feito junto a reclamada será feita em ação de reconvenção.

DAS PROVAS

Protesta por todos os meios de provas admitidos em direito em especial o depoimento do reclamante, oitiva de testemunhas sem prejuízo de demais provas que se fazem necessárias.

Nestes termos,

Pede deferimento.

Local e data

_____

Nome e assinatura do advogado

OAB/___ n. :____

EXCELENTÍSSIMO SENHOR DOUTOR JUIZ DA ____ VARA DO TRABALHO DE _____.

"Obs. Lembrando que pelo novo CPC, essa peça de reconvenção poderá ser apresentada no corpo da contestação, ou a parte, como é o caso concreto apresentado."

Processo n. :____

"EMPRESA", CNPJ/MF n. :..........., sediada na Rua..., n. :..., Bairro:..., Cidade:..., Estado:..., CEP:..., por seu advogado que esta subscreve (procuração em anexo), com endereço profissional à Rua..., n. :..., Bairro:..., Cidade:..., Estado:..., local este onde recebe as devidas notificações, vem à presença de Vossa Excelência propor:

RECONVENÇÃO

Em face de EMPREGADO A, residente à Rua:..., n. :..., Bairro:..., Cidade:..., Estado:..., CEP:..., RG n. :..., CPF:..., CTPS n. :.., série..., PIS:..., data de nascimento..., nome da mãe..., profissão..., nacionalidade..., pelos motivos de fato e de direito a seguir expostos;

1) DO RESUMO DO CONTRATO DE TRABALHO

O reconvindo foi contratado para laborar na reconvinte para exercer as funções de gerente, durante o seu contrato de trabalho, o reconvindo fez um empréstimo junto a reconvinte de R$ 10.000,00, no entanto quando de sua demissão este empréstimo não foi quitado.

2) DO EMPRÉSTIMO NÃO QUITADO PELO RECONVINDO

Quando de sua saída da reconvinte o reconvindo não quitou a dívida de R$ 10.000,00, ficando esta pendente a ser saldado no fim do contrato de trabalho.

No mesmo sentido do item supra citado os artigos 233 e 389 do CC, não deixam dúvidas, da obrigação de dar coisa certa que e o caso do mútuo.

Corroborando com esse entendimento a doutrina na lição do professor Sérgio Pinto Martins em sua obra "Direito Processual do Trabalho", 29ª edição, editora Atlas, página 302:

> "Na conformidade do art. 315 do CPC, o réu pode reconvir ao autor, no mesmo processo, sempre que a reconvenção seja conexa com a ação principal ou com o fundamento da defesa.... A reconvenção no processo do trabalho deve ser conexa com a ação principal (reclamação), isto é, quando for comum o objeto ou a causa de pedir ou com o fundamento da defesa. A conexão implica uma ligação, um nexo jurídico."

Que o reconvindo seja condenado ao pagamento do empréstimo não quitado com juros e correção monetária.

DO PEDIDO

Isto posto, requer:

a) A condenação do reconvindo ao pagamento do empréstimo com juros e correção monetária;

b) A condenação do reconvindo ao pagamento das custas e honorários judiciais.

REQUERIMENTOS FINAIS

Requer, por fim a intimação do reconvindo para que conteste os itens supra arguidos no prazo legal e caso não faça que seja declarada a revelia e que seja decretada a pena de confissão. Além da expedição dos ofícios aos órgãos competentes a critério de Vossa Excelência.

Alega provar os fatos por todos os meios de provas admitidos em direito.

DO VALOR DA CAUSA

Dá-se à causa o valor de R$ 10.000,00.

Nestes termos,

Pede deferimento.

Local e data

_____

Nome e assinatura do advogado

OAB/__ n. :____

PROVAS

Conceito de prova

Conjunto dos meios empregados para demonstrar a existência de um ato jurídico ou a demonstração da verdade de um fato, controvertido, relevante para a solução do litígio.

Objeto das provas – De regra provam-se os fatos não o direito. O direito que o juiz conhece é a aplicação do apótema latino " da mihifactum, dabotibi jus". Excepcionalmente determina a lei que a parte deverá provar não só o fato mas também o direito. A parte que alegar direito estadual, municipal, estrangeiro ou consuetudinário deverá fazer prova de seu teor e sua vigência, se o juiz assim exigir. O mesmo se dá com as Convenções Coletivas de Trabalho, Acordos Coletivos de Trabalho e regulamento de empresa. **No entanto, tratando-se de direito federal há uma presunção absoluta que o juiz o conhece.**

Nesse sentido, seguem os artigos do NCPC que tratam do tema em questão:

DAS PROVAS

Seção I

Disposições Gerais

Art. 369. As partes têm o direito de empregar todos os meios legais, bem como os moralmente legítimos, ainda que não especificados neste Código, para provar a verdade dos fatos em que se funda o pedido ou a defesa e influir eficazmente na convicção do juiz.

Art. 370. Caberá ao juiz, de ofício ou a requerimento da parte, determinar as provas necessárias ao julgamento do mérito.

Parágrafo único. O juiz indeferirá, em decisão fundamentada, as diligências inúteis ou meramente protelatórias.

Art. 371. O juiz apreciará a prova constante dos autos, independentemente do sujeito que a tiver promovido, e indicará na decisão as razões da formação de seu convencimento.

Art. 372. O juiz poderá admitir a utilização de prova produzida em outro processo, atribuindo-lhe o valor que considerar adequado, observado o contraditório.

Art. 373. O ônus da prova incumbe:

I – ao autor, quanto ao fato constitutivo de seu direito;

II – ao réu, quanto à existência de fato impeditivo, modificativo ou extintivo do direito do autor.

§ 1º Nos casos previstos em lei ou diante de peculiaridades da causa relacionadas à impossibilidade ou à excessiva dificuldade de cumprir o encargo nos termos do *caput* ou à maior facilidade de obtenção da prova do fato contrário, poderá o juiz atribuir o ônus da prova de modo diverso, desde que o faça por decisão fundamentada, caso em que deverá dar à parte a oportunidade de se desincumbir do ônus que lhe foi atribuído.

§ 2º A decisão prevista no § 1º deste artigo não pode gerar situação em que a desincumbência do encargo pela parte seja impossível ou excessivamente difícil.

§ 3º A distribuição diversa do ônus da prova também pode ocorrer por convenção das partes, salvo quando:

I – recair sobre direito indisponível da parte;

II – tornar excessivamente difícil a uma parte o exercício do direito.

§ 4º A convenção de que trata o § 3º pode ser celebrada antes ou durante o processo.

Art. 374. Não dependem de prova os fatos:

I – notórios;

II – afirmados por uma parte e confessados pela parte contrária;

III – admitidos no processo como incontroversos;

IV – em cujo favor milita presunção legal de existência ou de veracidade.

Art. 375. O juiz aplicará as regras de experiência comum subministradas pela observação do que ordinariamente acontece e, ainda, as regras de experiência técnica, ressalvado, quanto a estas, o exame pericial.

Art. 376. A parte que alegar direito municipal, estadual, estrangeiro ou consuetudinário provar-lhe-á o teor e a vigência, se assim o juiz determinar.

Art. 377. A carta precatória, a carta rogatória e o auxílio direto suspenderão o julgamento da causa no caso previsto no art. 313, inciso V, alínea "b", quando, tendo sido requeridos antes da decisão de saneamento, a prova neles solicitada for imprescindível.

Parágrafo único. A carta precatória e a carta rogatória não devolvidas no prazo ou concedidas sem efeito suspensivo poderão ser juntadas aos autos a qualquer momento.

Art. 378. Ninguém se exime do dever de colaborar com o Poder Judiciário para o descobrimento da verdade.

Art. 379. Preservado o direito de não produzir prova contra si própria, incumbe à parte:

I – comparecer em juízo, respondendo ao que lhe for interrogado;

II – colaborar com o juízo na realização de inspeção judicial que for considerada necessária;

III – praticar o ato que lhe for determinado.

Art. 380. Incumbe ao terceiro, em relação a qualquer causa:

I – informar ao juiz os fatos e as circunstâncias de que tenha conhecimento;

II – exibir coisa ou documento que esteja em seu poder.

Parágrafo único. Poderá o juiz, em caso de descumprimento, determinar, além da imposição de multa, outras medidas indutivas, coercitivas, mandamentais ou sub-rogatórias.

Seção II

Da Produção Antecipada da Prova

Art. 381. A produção antecipada da prova será admitida nos casos em que:

I – haja fundado receio de que venha a tornar-se impossível ou muito difícil a verificação de certos fatos na pendência da ação;

II – a prova a ser produzida seja suscetível de viabilizar a autocomposição ou outro meio adequado de solução de conflito;

III – o prévio conhecimento dos fatos possa justificar ou evitar o ajuizamento de ação.

§ 1º O arrolamento de bens observará o disposto nesta Seção quando tiver por finalidade apenas a realização de documentação e não a prática de atos de apreensão.

§ 2º A produção antecipada da prova é da competência do juízo do foro onde esta deva ser produzida ou do foro de domicílio do réu.

§ 3º A produção antecipada da prova não previne a competência do juízo para a ação que venha a ser proposta.

§ 4º O juízo estadual tem competência para produção antecipada de prova requerida em face da União, de entidade autárquica ou de empresa pública federal se, na localidade, não houver vara federal.

§ 5º Aplica-se o disposto nesta Seção àquele que pretender justificar a existência de algum fato ou relação jurídica para simples documento e sem caráter contencioso, que exporá, em petição circunstanciada, a sua intenção.

Art. 382. Na petição, o requerente apresentará as razões que justificam a necessidade de antecipação da prova e mencionará com precisão os fatos sobre os quais a prova há de recair.

§ 1º O juiz determinará, de ofício ou a requerimento da parte, a citação de interessados na produção da prova ou no fato a ser provado, salvo se inexistente caráter contencioso.

§ 2º O juiz não se pronunciará sobre a ocorrência ou a inocorrência do fato, nem sobre as respectivas consequências jurídicas.

§ 3º Os interessados poderão requerer a produção de qualquer prova no mesmo procedimento, desde que relacionada ao mesmo fato, salvo se a sua produção conjunta acarretar excessiva demora.

§ 4º Neste procedimento, não se admitirá defesa ou recurso, salvo contra decisão que indeferir totalmente a produção da prova pleiteada pelo requerente originário.

Art. 383. Os autos permanecerão em cartório durante 1 (um) mês para extração de cópias e certidões pelos interessados.

Parágrafo único. Findo o prazo, os autos serão entregues ao promovente da medida.

Seção III

Da Ata Notarial

Art. 384. A existência e o modo de existir de algum fato podem ser atestados ou documentados, a requerimento do interessado, mediante ata lavrada por tabelião.

Parágrafo único. Dados representados por imagem ou som gravados em arquivos eletrônicos poderão constar da ata notarial.

Seção IV

Do Depoimento Pessoal

Art. 385. Cabe à parte requerer o depoimento pessoal da outra parte, a fim de que esta seja interrogada na audiência de instrução e julgamento, sem prejuízo do poder do juiz de ordená-lo de ofício.

§ 1º Se a parte, pessoalmente intimada para prestar depoimento pessoal e advertida da pena de confesso, não comparecer ou, comparecendo, se recusar a depor, o juiz aplicar-lhe-á a pena.

§ 2º É vedado a quem ainda não depôs assistir ao interrogatório da outra parte.

§ 3º O depoimento pessoal da parte que residir em comarca, seção ou subseção judiciária diversa daquela onde tramita o processo poderá ser colhido por meio de videoconferência ou outro recurso tecnológico de transmissão de sons e imagens em tempo real, o que poderá ocorrer, inclusive, durante a realização da audiência de instrução e julgamento.

Art. 386. Quando a parte, sem motivo justificado, deixar de responder ao que lhe for perguntado ou empregar evasivas, o juiz, apreciando as demais circunstâncias e os elementos de prova, declarará, na sentença, se houve recusa de depor.

Art. 387. A parte responderá pessoalmente sobre os fatos articulados, não podendo servir-se de escritos anteriormente preparados, permitindo-lhe o juiz, todavia, a consulta a notas breves, desde que objetivem completar esclarecimentos.

Art. 388. A parte não é obrigada a depor sobre fatos:

I – criminosos ou torpes que lhe forem imputados;

II – a cujo respeito, por estado ou profissão, deva guardar sigilo;

III – acerca dos quais não possa responder sem desonra própria, de seu cônjuge, de seu companheiro ou de parente em grau sucessível;

IV – que coloquem em perigo a vida do depoente ou das pessoas referidas no inciso III.

Parágrafo único. Esta disposição não se aplica às ações de estado e de família.

Seção V

Da Confissão

Art. 389. Há confissão, judicial ou extrajudicial, quando a parte admite a verdade de fato contrário ao seu interesse e favorável ao do adversário.

Art. 390. A confissão judicial pode ser espontânea ou provocada.

§ 1º A confissão espontânea pode ser feita pela própria parte ou por representante com poder especial.

§ 2º A confissão provocada constará do termo de depoimento pessoal.

Art. 391. A confissão judicial faz prova contra o confitente, não prejudicando, todavia, os litisconsortes.

Parágrafo único. Nas ações que versarem sobre bens imóveis ou direitos reais sobre imóveis alheios, a confissão de um cônjuge ou companheiro não valerá sem a do outro, salvo se o regime de casamento for o de separação absoluta de bens.

Art. 392. Não vale como confissão a admissão, em juízo, de fatos relativos a direitos indisponíveis.

§ 1º A confissão será ineficaz se feita por quem não for capaz de dispor do direito a que se referem os fatos confessados.

§ 2º A confissão feita por um representante somente é eficaz nos limites em que este pode vincular o representado.

Art. 393. A confissão é irrevogável, mas pode ser anulada se decorreu de erro de fato ou de coação.

Parágrafo único. A legitimidade para a ação prevista no *caput* é exclusiva do confitente e pode ser transferida a seus herdeiros se ele falecer após a propositura.

Art. 394. A confissão extrajudicial, quando feita oralmente, só terá eficácia nos casos em que a lei não exija prova literal.

Art. 395. A confissão é, em regra, indivisível, não podendo a parte que a quiser invocar como prova aceitá-la no tópico que a beneficiar e rejeitá-la no que lhe for desfavorável, porém cindir-se-á quando o confitente a ela aduzir fatos novos, capazes de constituir fundamento de defesa de direito material ou de reconvenção.

Seção VI

Da Exibição de Documento ou Coisa

Art. 396. O juiz pode ordenar que a parte exiba documento ou coisa que se encontre em seu poder.

Art. 397. O pedido formulado pela parte conterá:

I – a individuação, tão completa quanto possível, do documento ou da coisa;

II – a finalidade da prova, indicando os fatos que se relacionam com o documento ou com a coisa;

III – as circunstâncias em que se funda o requerente para afirmar que o documento ou a coisa existe e se acha em poder da parte contrária.

Art. 398. O requerido dará sua resposta nos 5 (cinco) dias subsequentes à sua intimação.

Parágrafo único. Se o requerido afirmar que não possui o documento ou a coisa, o juiz permitirá que o requerente prove, por qualquer meio, que a declaração não corresponde à verdade.

Art. 399. O juiz não admitirá a recusa se:

I – o requerido tiver obrigação legal de exibir;

II – o requerido tiver aludido ao documento ou à coisa, no processo, com o intuito de constituir prova;

III – o documento, por seu conteúdo, for comum às partes.

Art. 400. Ao decidir o pedido, o juiz admitirá como verdadeiros os fatos que, por meio do documento ou da coisa, a parte pretendia provar se:

I – o requerido não efetuar a exibição nem fizer nenhuma declaração no prazo do art. 398;

II – a recusa for havida por ilegítima.

Parágrafo único. Sendo necessário, o juiz pode adotar medidas indutivas, coercitivas, mandamentais ou sub-rogatórias para que o documento seja exibido.

Art. 401. Quando o documento ou a coisa estiver em poder de terceiro, o juiz ordenará sua citação para responder no prazo de 15 (quinze) dias.

Art. 402. Se o terceiro negar a obrigação de exibir ou a posse do documento ou da coisa, o juiz designará audiência especial, tomando-lhe o depoimento, bem como o das partes e, se necessário, o de testemunhas, e em seguida proferirá decisão.

Art. 403. Se o terceiro, sem justo motivo, se recusar a efetuar a exibição, o juiz ordenar-lhe-á que proceda ao respectivo depósito em cartório ou em outro lugar designado, no prazo de 5 (cinco) dias, impondo ao requerente que o ressarça pelas despesas que tiver.

Parágrafo único. Se o terceiro descumprir a ordem, o juiz expedirá mandado de apreensão, requisitando, se necessário, força policial, sem prejuízo da responsabilidade por crime de desobediência, pagamento de multa e outras medidas indutivas, coercitivas, mandamentais ou sub-rogatórias necessárias para assegurar a efetivação da decisão.

Art. 404. A parte e o terceiro se escusam de exibir, em juízo, o documento ou a coisa se:

I – concernente a negócios da própria vida da família;

II – sua apresentação puder violar dever de honra;

III – sua publicidade redundar em desonra à parte ou ao terceiro, bem como a seus parentes consanguíneos ou afins até o terceiro grau, ou lhes representar perigo de ação penal;

IV – sua exibição acarretar a divulgação de fatos a cujo respeito, por estado ou profissão, devam guardar segredo;

V – subsistirem outros motivos graves que, segundo o prudente arbítrio do juiz, justifiquem a recusa da exibição;

VI – houver disposição legal que justifique a recusa da exibição.

Parágrafo único. Se os motivos de que tratam os incisos I a VI do *caput* disserem respeito a apenas uma parcela do documento, a parte ou o terceiro exibirá a outra em cartório, para dela ser extraída cópia reprográfica, de tudo sendo lavrado auto circunstanciado.

Seção VII

Da Prova Documental

Subseção I

Da Força Probante dos Documentos

Art. 405. O documento público faz prova não só da sua formação, mas também dos fatos que o escrivão, o chefe de secretaria, o tabelião ou o servidor declarar que ocorreram em sua presença.

Art. 406. Quando a lei exigir instrumento público como da substância do ato, nenhuma outra prova, por mais especial que seja, pode suprir-lhe a falta.

Art. 407. O documento feito por oficial público incompetente ou sem a observância das formalidades legais, sendo subscrito pelas partes, tem a mesma eficácia probatória do documento particular.

Art. 408. As declarações constantes do documento particular escrito e assinado ou somente assinado presumem-se verdadeiras em relação ao signatário.

Parágrafo único. Quando, todavia, contiver declaração de ciência de determinado fato, o documento particular prova a ciência, mas não o fato em si, incumbindo o ônus de prová-lo ao interessado em sua veracidade.

Art. 409. A data do documento particular, quando a seu respeito surgir dúvida ou impugnação entre os litigantes, provar-se-á por todos os meios de direito.

Parágrafo único. Em relação a terceiros, considerar-se-á datado o documento particular:

I – no dia em que foi registrado;

II – desde a morte de algum dos signatários;

III – a partir da impossibilidade física que sobreveio a qualquer dos signatários;

IV – da sua apresentação em repartição pública ou em juízo;

V – do ato ou do fato que estabeleça, de modo certo, a anterioridade da formação do documento.

Art. 410. Considera-se autor do documento particular:

I – aquele que o fez e o assinou;

II – aquele por conta de quem ele foi feito, estando assinado;

III – aquele que, mandando compô-lo, não o firmou porque, conforme a experiência comum, não se costuma assinar, como livros empresariais e assentos domésticos.

Art. 411. Considera-se autêntico o documento quando:

I – o tabelião reconhecer a firma do signatário;

II – a autoria estiver identificada por qualquer outro meio legal de certificação, inclusive eletrônico, nos termos da lei;

III – não houver impugnação da parte contra quem foi produzido o documento.

Art. 412. O documento particular de cuja autenticidade não se duvida prova que o seu autor fez a declaração que lhe é atribuída.

Parágrafo único. O documento particular admitido expressa ou tacitamente é indivisível, sendo vedado à parte que pretende utilizar-se dele aceitar os fatos que lhe são favoráveis e recusar os que são contrários ao seu interesse, salvo se provar que estes não ocorreram.

Art. 413. O telegrama, o radiograma ou qualquer outro meio de transmissão tem a mesma força probatória do documento particular se o original constante da estação expedidora tiver sido assinado pelo remetente.

Parágrafo único. A firma do remetente poderá ser reconhecida pelo tabelião, declarando-se essa circunstância no original depositado na estação expedidora.

Art. 414. O telegrama ou o radiograma presume-se conforme com o original, provando as datas de sua expedição e de seu recebimento pelo destinatário.

Art. 415. As cartas e os registros domésticos provam contra quem os escreveu quando:

I – enunciam o recebimento de um crédito;

II – contêm anotação que visa a suprir a falta de título em favor de quem é apontado como credor;

III – expressam conhecimento de fatos para os quais não se exija determinada prova.

Art. 416. A nota escrita pelo credor em qualquer parte de documento representativo de obrigação, ainda que não assinada, faz prova em benefício do devedor.

Parágrafo único. Aplica-se essa regra tanto para o documento que o credor conservar em seu poder quanto para aquele que se achar em poder do devedor ou de terceiro.

Art. 417. Os livros empresariais provam contra seu autor, sendo lícito ao empresário, todavia, demonstrar, por todos os meios permitidos em direito, que os lançamentos não correspondem à verdade dos fatos.

Art. 418. Os livros empresariais que preencham os requisitos exigidos por lei provam a favor de seu autor no litígio entre empresários.

Art. 419. A escrituração contábil é indivisível, e, se dos fatos que resultam dos lançamentos, uns são favoráveis ao interesse de seu autor e outros lhe são contrários, ambos serão considerados em conjunto, como unidade.

Art. 420. O juiz pode ordenar, a requerimento da parte, a exibição integral dos livros empresariais e dos documentos do arquivo:

I – na liquidação de sociedade;

II – na sucessão por morte de sócio;

III – quando e como determinar a lei.

Art. 421. O juiz pode, de ofício, ordenar à parte a exibição parcial dos livros e dos documentos, extraindo-se deles a suma que interessar ao litígio, bem como reproduções autenticadas.

Art. 422. Qualquer reprodução mecânica, como a fotográfica, a cinematográfica, a fonográfica ou de outra espécie, tem aptidão para fazer prova dos fatos ou das coisas representadas, se a sua conformidade com o documento original não for impugnada por aquele contra quem foi produzida.

§ 1º As fotografias digitais e as extraídas da rede mundial de computadores fazem prova das imagens que reproduzem, devendo, se impugnadas, ser apresentada a respectiva autenticação eletrônica ou, não sendo possível, realizada perícia.

§ 2º Se se tratar de fotografia publicada em jornal ou revista, será exigido um exemplar original do periódico, caso impugnada a veracidade pela outra parte.

§ 3º Aplica-se o disposto neste artigo à forma impressa de mensagem eletrônica.

Art. 423. As reproduções dos documentos particulares, fotográficas ou obtidas por outros processos de repetição, valem como certidões sempre que o escrivão ou o chefe de secretaria certificar sua conformidade com o original.

Art. 424. A cópia de documento particular tem o mesmo valor probante que o original, cabendo ao escrivão, intimadas as partes, proceder à conferência e certificar a conformidade entre a cópia e o original.

Art. 425. Fazem a mesma prova que os originais:

I – as certidões textuais de qualquer peça dos autos, do protocolo das audiências ou de outro livro a cargo do escrivão ou do chefe de secretaria, se extraídas por ele ou sob sua vigilância e por ele subscritas;

II – os traslados e as certidões extraídas por oficial público de instrumentos ou documentos lançados em suas notas;

III – as reproduções dos documentos públicos, desde que autenticadas por oficial público ou conferidas em cartório com os respectivos originais;

IV – as cópias reprográficas de peças do próprio processo judicial declaradas autênticas pelo advogado, sob sua responsabilidade pessoal, se não lhes for impugnada a autenticidade;

V – os extratos digitais de bancos de dados públicos e privados, desde que atestado pelo seu emitente, sob as penas da lei, que as informações conferem com o que consta na origem;

VI – as reproduções digitalizadas de qualquer documento público ou particular, quando juntadas aos autos pelos órgãos da justiça e seus auxiliares, pelo Ministério Público e seus auxiliares, pela Defensoria Pública e seus auxiliares, pelas procuradorias, pelas repartições públicas em geral e por advogados, ressalvada a alegação motivada e fundamentada de adulteração.

§ 1º Os originais dos documentos digitalizados mencionados no inciso VI deverão ser preservados pelo seu detentor até o final do prazo para propositura de ação rescisória.

§ 2º Tratando-se de cópia digital de título executivo extrajudicial ou de documento relevante à instrução do processo, o juiz poderá determinar seu depósito em cartório ou secretaria.

Art. 426. O juiz apreciará fundamentadamente a fé que deva merecer o documento, quando em ponto substancial e sem ressalva contiver entrelinha, emenda, borrão ou cancelamento.

Art. 427. Cessa a fé do documento público ou particular sendo-lhe declarada judicialmente a falsidade.

Parágrafo único. A falsidade consiste em:

I – formar documento não verdadeiro;

II – alterar documento verdadeiro.

Art. 428. Cessa a fé do documento particular quando:

I – for impugnada sua autenticidade e enquanto não se comprovar sua veracidade;

II – assinado em branco, for impugnado seu conteúdo, por preenchimento abusivo.

Parágrafo único. Dar-se-á abuso quando aquele que recebeu documento assinado com texto não escrito no todo ou em parte formá-lo ou completá-lo por si ou por meio de outrem, violando o pacto feito com o signatário.

Art. 429. Incumbe o ônus da prova quando:

I – se tratar de falsidade de documento ou de preenchimento abusivo, à parte que a arguir;

II – se tratar de impugnação da autenticidade, à parte que produziu o documento.

Subseção II

Da Arguição de Falsidade

Art. 430. A falsidade deve ser suscitada na contestação, na réplica ou no prazo de 15 (quinze) dias, contado a partir da intimação da juntada do documento aos autos.

Parágrafo único. Uma vez arguida, a falsidade será resolvida como questão incidental, salvo se a parte requerer que o juiz a decida como questão principal, nos termos do inciso II do art. 19.

Art. 431. A parte arguirá a falsidade expondo os motivos em que funda a sua pretensão e os meios com que provará o alegado.

Art. 432. Depois de ouvida a outra parte no prazo de 15 (quinze) dias, será realizado o exame pericial.

Parágrafo único. Não se procederá ao exame pericial se a parte que produziu o documento concordar em retirá-lo.

Art. 433. A declaração sobre a falsidade do documento, quando suscitada como questão principal, constará da parte dispositiva da sentença e sobre ela incidirá também a autoridade da coisa julgada.

Subseção III

Da Produção da Prova Documental

Art. 434. Incumbe à parte instruir a petição inicial ou a contestação com os documentos destinados a provar suas alegações.

Parágrafo único. Quando o documento consistir em reprodução cinematográfica ou fonográfica, a parte deverá trazê-lo nos termos do *caput*, mas sua exposição será realizada em audiência, intimando-se previamente as partes.

Art. 435. É lícito às partes, em qualquer tempo, juntar aos autos documentos novos, quando destinados a fazer prova de fatos ocorridos depois dos articulados ou para contrapô-los aos que foram produzidos nos autos.

Parágrafo único. Admite-se também a juntada posterior de documentos formados após a petição inicial ou a contestação, bem como dos que se tornaram conhecidos, acessíveis ou disponíveis após esses atos, cabendo à parte que os produzir comprovar o motivo que a impediu de juntá-los anteriormente e incumbindo ao juiz, em qualquer caso, avaliar a conduta da parte de acordo com o art. 5º.

Art. 436. A parte, intimada a falar sobre documento constante dos autos, poderá:

I – impugnar a admissibilidade da prova documental;

II – impugnar sua autenticidade;

III – suscitar sua falsidade, com ou sem deflagração do incidente de arguição de falsidade;

IV – manifestar-se sobre seu conteúdo.

Parágrafo único. Nas hipóteses dos incisos II e III, a impugnação deverá basear-se em argumentação específica, não se admitindo alegação genérica de falsidade.

Art. 437. O réu manifestar-se-á na contestação sobre os documentos anexados à inicial, e o autor manifestar-se-á na réplica sobre os documentos anexados à contestação.

§ 1º Sempre que uma das partes requerer a juntada de documento aos autos, o juiz ouvirá, a seu respeito, a outra parte, que disporá do prazo de 15 (quinze) dias para adotar qualquer das posturas indicadas no art. 436.

§ 2º Poderá o juiz, a requerimento da parte, dilatar o prazo para manifestação sobre a prova documental produzida, levando em consideração a quantidade e a complexidade da documentação.

Art. 438. O juiz requisitará às repartições públicas, em qualquer tempo ou grau de jurisdição:

I – as certidões necessárias à prova das alegações das partes;

II – os procedimentos administrativos nas causas em que forem interessados a União, os Estados, o Distrito Federal, os Municípios ou entidades da administração indireta.

§ 1º Recebidos os autos, o juiz mandará extrair, no prazo máximo e improrrogável de 1 (um) mês, certidões ou reproduções fotográficas das peças que indicar e das que forem indicadas pelas partes, e, em seguida, devolverá os autos à repartição de origem.

§ 2º As repartições públicas poderão fornecer todos os documentos em meio eletrônico, conforme disposto em lei, certificando, pelo mesmo meio, que se trata de extrato fiel do que consta em seu banco de dados ou no documento digitalizado.

Seção VIII

Dos Documentos Eletrônicos

Art. 439. A utilização de documentos eletrônicos no processo convencional dependerá de sua conversão à forma impressa e da verificação de sua autenticidade, na forma da lei.

Art. 440. O juiz apreciará o valor probante do documento eletrônico não convertido, assegurado às partes o acesso ao seu teor.

Art. 441. Serão admitidos documentos eletrônicos produzidos e conservados com a observância da legislação específica.

Seção IX

Da Prova Testemunhal

Subseção I

Da Admissibilidade e do Valor da Prova Testemunhal

Art. 442. A prova testemunhal é sempre admissível, não dispondo a lei de modo diverso.

Art. 443. O juiz indeferirá a inquirição de testemunhas sobre fatos:

I – já provados por documento ou confissão da parte;

II – que só por documento ou por exame pericial puderem ser provados.

Art. 444. Nos casos em que a lei exigir prova escrita da obrigação, é admissível a prova testemunhal quando houver começo de prova por escrito, emanado da parte contra a qual se pretende produzir a prova.

Art. 445. Também se admite a prova testemunhal quando o credor não pode ou não podia, moral ou materialmente, obter a prova escrita da obrigação, em casos como o de parentesco, de depósito necessário ou de hospedagem em hotel ou em razão das práticas comerciais do local onde contraída a obrigação.

Art. 446. É lícito à parte provar com testemunhas:

I – nos contratos simulados, a divergência entre a vontade real e a vontade declarada;

II – nos contratos em geral, os vícios de consentimento.

Art. 447. Podem depor como testemunhas todas as pessoas, exceto as incapazes, impedidas ou suspeitas.

§ 1º São incapazes:

I – o interdito por enfermidade ou deficiência mental;

II – o que, acometido por enfermidade ou retardamento mental, ao tempo em que ocorreram os fatos, não podia discerni-los, ou, ao tempo em que deve depor, não está habilitado a transmitir as percepções;

III – o que tiver menos de 16 (dezesseis) anos;

IV – o cego e o surdo, quando a ciência do fato depender dos sentidos que lhes faltam.

§ 2º São impedidos:

I – o cônjuge, o companheiro, o ascendente e o descendente em qualquer grau e o colateral, até o terceiro grau, de alguma das partes, por consanguinidade ou afinidade, salvo se o exigir o interesse público ou, tratando-se de causa relativa ao estado da pessoa, não se puder obter de outro modo a prova que o juiz repute necessária ao julgamento do mérito;

II – o que é parte na causa;

III – o que intervém em nome de uma parte, como o tutor, o representante legal da pessoa jurídica, o juiz, o advogado e outros que assistam ou tenham assistido as partes.

§ 3º São suspeitos:

I – o inimigo da parte ou o seu amigo íntimo;

II – o que tiver interesse no litígio.

§ 4º Sendo necessário, pode o juiz admitir o depoimento das testemunhas menores, impedidas ou suspeitas.

§ 5º Os depoimentos referidos no § 4º serão prestados independentemente de compromisso, e o juiz lhes atribuirá o valor que possam merecer.

Art. 448. A testemunha não é obrigada a depor sobre fatos:

I – que lhe acarretem grave dano, bem como ao seu cônjuge ou companheiro e aos seus parentes consanguíneos ou afins, em linha reta ou colateral, até o terceiro grau;

II – a cujo respeito, por estado ou profissão, deva guardar sigilo.

Art. 449. Salvo disposição especial em contrário, as testemunhas devem ser ouvidas na sede do juízo.

Parágrafo único. Quando a parte ou a testemunha, por enfermidade ou por outro motivo relevante, estiver impossibilitada de comparecer, mas não de prestar depoimento, o juiz designará, conforme as circunstâncias, dia, hora e lugar para inquiri-la.

Subseção II

Da Produção da Prova Testemunhal

Art. 450. O rol de testemunhas conterá, sempre que possível, o nome, a profissão, o estado civil, a idade, o número de inscrição no Cadastro de Pessoas Físicas, o número de registro de identidade e o endereço completo da residência e do local de trabalho.

Art. 451. Depois de apresentado o rol de que tratam os §§ 4º e 5º do art. 357, a parte só pode substituir a testemunha:

I – que falecer;

II – que, por enfermidade, não estiver em condições de depor;

III – que, tendo mudado de residência ou de local de trabalho, não for encontrada.

Art. 452. Quando for arrolado como testemunha, o juiz da causa:

I – declarar-se-á impedido, se tiver conhecimento de fatos que possam influir na decisão, caso em que será vedado à parte que o incluiu no rol desistir de seu depoimento;

II – se nada souber, mandará excluir o seu nome.

Art. 453. As testemunhas depõem, na audiência de instrução e julgamento, perante o juiz da causa, exceto:

I – as que prestam depoimento antecipadamente;

II – as que são inquiridas por carta.

§ 1º A oitiva de testemunha que residir em comarca, seção ou subseção judiciária diversa daquela onde tramita o processo poderá ser realizada por meio de videoconferência ou outro recurso tecnológico de transmissão e recepção de sons e imagens em tempo real, o que poderá ocorrer, inclusive, durante a audiência de instrução e julgamento.

§ 2º Os juízos deverão manter equipamento para a transmissão e recepção de sons e imagens a que se refere o § 1º.

Art. 454. São inquiridos em sua residência ou onde exercem sua função:

I – o presidente e o vice-presidente da República;

II – os ministros de Estado;

III – os ministros do Supremo Tribunal Federal, os conselheiros do Conselho Nacional de Justiça e os ministros do Superior Tribunal de Justiça, do Superior Tribunal Militar, do Tribunal Superior Eleitoral, do Tribunal Superior do Trabalho e do Tribunal de Contas da União;

IV – o procurador-geral da República e os conselheiros do Conselho Nacional do Ministério Público;

V – o advogado-geral da União, o procurador-geral do Estado, o procurador-geral do Município, o defensor público-geral federal e o defensor público-geral do Estado;

VI – os senadores e os deputados federais;

VII – os governadores dos Estados e do Distrito Federal;

VIII – o prefeito;

IX – os deputados estaduais e distritais;

X – os desembargadores dos Tribunais de Justiça, dos Tribunais Regionais Federais, dos Tribunais Regionais do Trabalho e dos Tribunais Regionais Eleitorais e os conselheiros dos Tribunais de Contas dos Estados e do Distrito Federal;

XI – o procurador-geral de justiça;

XII – o embaixador de país que, por lei ou tratado, concede idêntica prerrogativa a agente diplomático do Brasil.

§ 1º O juiz solicitará à autoridade que indique dia, hora e local a fim de ser inquirida, remetendo-lhe cópia da petição inicial ou da defesa oferecida pela parte que a arrolou como testemunha.

§ 2º Passado 1 (um) mês sem manifestação da autoridade, o juiz designará dia, hora e local para o depoimento, preferencialmente na sede do juízo.

§ 3º O juiz também designará dia, hora e local para o depoimento, quando a autoridade não comparecer, injustificadamente, à sessão agendada para a colheita de seu testemunho no dia, hora e local por ela mesma indicados.

Art. 455. Cabe ao advogado da parte informar ou intimar a testemunha por ele arrolada do dia, da hora e do local da audiência designada, dispensando-se a intimação do juízo.

§ 1º A intimação deverá ser realizada por carta com aviso de recebimento, cumprindo ao advogado juntar aos autos, com antecedência de pelo menos 3 (três) dias da data da audiência, cópia da correspondência de intimação e do comprovante de recebimento.

§ 2º A parte pode comprometer-se a levar a testemunha à audiência, independentemente da intimação de que trata o § 1º, presumindo-se, caso a testemunha não compareça, que a parte desistiu de sua inquirição.

§ 3º A inércia na realização da intimação a que se refere o § 1º importa desistência da inquirição da testemunha.

§ 4º A intimação será feita pela via judicial quando:

I – for frustrada a intimação prevista no § 1º deste artigo;

II – sua necessidade for devidamente demonstrada pela parte ao juiz;

III – figurar no rol de testemunhas servidor público ou militar, hipótese em que o juiz o requisitará ao chefe da repartição ou ao comando do corpo em que servir;

IV – a testemunha houver sido arrolada pelo Ministério Público ou pela Defensoria Pública;

V – a testemunha for uma daquelas previstas no art. 454.

§ 5º A testemunha que, intimada na forma do § 1º ou do § 4º, deixar de comparecer sem motivo justificado será conduzida e responderá pelas despesas do adiamento.

Art. 456. O juiz inquirirá as testemunhas separada e sucessivamente, primeiro as do autor e depois as do réu, e providenciará para que uma não ouça o depoimento das outras.

Parágrafo único. O juiz poderá alterar a ordem estabelecida no *caput* se as partes concordarem.

Art. 457. Antes de depor, a testemunha será qualificada, declarará ou confirmará seus dados e informará se tem relações de parentesco com a parte ou interesse no objeto do processo.

§ 1º É lícito à parte contraditar a testemunha, arguindo-lhe a incapacidade, o impedimento ou a suspeição, bem como, caso a testemunha negue os fatos que lhe são imputados, provar a contradita com documentos ou com testemunhas, até 3 (três), apresentadas no ato e inquiridas em separado.

§ 2º Sendo provados ou confessados os fatos a que se refere o § 1º, o juiz dispensará a testemunha ou lhe tomará o depoimento como informante.

§ 3º A testemunha pode requerer ao juiz que a escuse de depor, alegando os motivos previstos neste Código, decidindo o juiz de plano após ouvidas as partes.

Art. 458. Ao início da inquirição, a testemunha prestará o compromisso de dizer a verdade do que souber e lhe for perguntado.

Parágrafo único. O juiz advertirá à testemunha que incorre em sanção penal quem faz afirmação falsa, cala ou oculta a verdade.

Art. 459. As perguntas serão formuladas pelas partes diretamente à testemunha, começando pela que a arrolou, não admitindo o juiz aquelas que puderem induzir a resposta, não tiverem relação com as questões de fato objeto da atividade probatória ou importarem repetição de outra já respondida.

§ 1º O juiz poderá inquirir a testemunha tanto antes quanto depois da inquirição feita pelas partes.

§ 2º As testemunhas devem ser tratadas com urbanidade, não se lhes fazendo perguntas ou considerações impertinentes, capciosas ou vexatórias.

§ 3º As perguntas que o juiz indeferir serão transcritas no termo, se a parte o requerer.

Art. 460. O depoimento poderá ser documentado por meio de gravação.

§ 1º Quando digitado ou registrado por taquigrafia, estenotipia ou outro método idôneo de documentação, o depoimento será assinado pelo juiz, pelo depoente e pelos procuradores.

§ 2º Se houver recurso em processo em autos não eletrônicos, o depoimento somente será digitado quando for impossível o envio de sua documentação eletrônica.

§ 3º Tratando-se de autos eletrônicos, observar-se-á o disposto neste Código e na legislação específica sobre a prática eletrônica de atos processuais.

Art. 461. O juiz pode ordenar, de ofício ou a requerimento da parte:

I – a inquirição de testemunhas referidas nas declarações da parte ou das testemunhas;

II – a acareação de 2 (duas) ou mais testemunhas ou de alguma delas com a parte, quando, sobre fato determinado que possa influir na decisão da causa, divergirem as suas declarações.

§ 1º Os acareados serão reperguntados para que expliquem os pontos de divergência, reduzindo-se a termo o ato de acareação.

§ 2º A acareação pode ser realizada por videoconferência ou por outro recurso tecnológico de transmissão de sons e imagens em tempo real.

Art. 462. A testemunha pode requerer ao juiz o pagamento da despesa que efetuou para comparecimento à audiência, devendo a parte pagá-la logo que arbitrada ou depositá-la em cartório dentro de 3 (três) dias.

Art. 463. O depoimento prestado em juízo é considerado serviço público.

Parágrafo único. A testemunha, quando sujeita ao regime da legislação trabalhista, não sofre, por comparecer à audiência, perda de salário nem desconto no tempo de serviço.

Seção X

Da Prova Pericial

Art. 464. A prova pericial consiste em exame, vistoria ou avaliação.

§ 1º O juiz indeferirá a perícia quando:

I – a prova do fato não depender de conhecimento especial de técnico;

II – for desnecessária em vista de outras provas produzidas;

III – a verificação for impraticável.

§ 2º De ofício ou a requerimento das partes, o juiz poderá, em substituição à perícia, determinar a produção de prova técnica simplificada, quando o ponto controvertido for de menor complexidade.

§ 3º A prova técnica simplificada consistirá apenas na inquirição de especialista, pelo juiz, sobre ponto controvertido da causa que demande especial conhecimento científico ou técnico.

§ 4º Durante a arguição, o especialista, que deverá ter formação acadêmica específica na área objeto de seu depoimento, poderá valer-se de qualquer recurso tecnológico de transmissão de sons e imagens com o fim de esclarecer os pontos controvertidos da causa.

Art. 465. O juiz nomeará perito especializado no objeto da perícia e fixará de imediato o prazo para a entrega do laudo.

§ 1º Incumbe às partes, dentro de 15 (quinze) dias contados da intimação do despacho de nomeação do perito:

I – arguir o impedimento ou a suspeição do perito, se for o caso;

II – indicar assistente técnico;

III – apresentar quesitos.

§ 2º Ciente da nomeação, o perito apresentará em 5 (cinco) dias:

I – proposta de honorários;

II – currículo, com comprovação de especialização;

III – contatos profissionais, em especial o endereço eletrônico, para onde serão dirigidas as intimações pessoais.

§ 3º As partes serão intimadas da proposta de honorários para, querendo, manifestar-se no prazo comum de 5 (cinco) dias, após o que o juiz arbitrará o valor, intimando-se as partes para os fins do art. 95.

§ 4º O juiz poderá autorizar o pagamento de até cinquenta por cento dos honorários arbitrados a favor do perito no início dos trabalhos, devendo o remanescente ser pago apenas ao final, depois de entregue o laudo e prestados todos os esclarecimentos necessários.

§ 5º Quando a perícia for inconclusiva ou deficiente, o juiz poderá reduzir a remuneração inicialmente arbitrada para o trabalho.

§ 6º Quando tiver de realizar-se por carta, poder-se-á proceder à nomeação de perito e à indicação de assistentes técnicos no juízo ao qual se requisitar a perícia.

Art. 466. O perito cumprirá escrupulosamente o encargo que lhe foi cometido, independentemente de termo de compromisso.

§ 1º Os assistentes técnicos são de confiança da parte e não estão sujeitos a impedimento ou suspeição.

§ 2º O perito deve assegurar aos assistentes das partes o acesso e o acompanhamento das diligências e dos exames que realizar, com prévia comunicação, comprovada nos autos, com antecedência mínima de 5 (cinco) dias.

Art. 467. O perito pode escusar-se ou ser recusado por impedimento ou suspeição.

Parágrafo único. O juiz, ao aceitar a escusa ou ao julgar procedente a impugnação, nomeará novo perito.

Art. 468. O perito pode ser substituído quando:

I – faltar-lhe conhecimento técnico ou científico;

II – sem motivo legítimo, deixar de cumprir o encargo no prazo que lhe foi assinado.

§ 1º No caso previsto no inciso II, o juiz comunicará a ocorrência à corporação profissional respectiva, podendo, ainda, impor multa ao perito, fixada tendo em vista o valor da causa e o possível prejuízo decorrente do atraso no processo.

§ 2º O perito substituído restituirá, no prazo de 15 (quinze) dias, os valores recebidos pelo trabalho não realizado, sob pena de ficar impedido de atuar como perito judicial pelo prazo de 5 (cinco) anos.

§ 3º Não ocorrendo a restituição voluntária de que trata o § 2º, a parte que tiver realizado o adiantamento dos honorários poderá promover execução contra o perito, na forma dos arts. 513 e seguintes deste Código, com fundamento na decisão que determinar a devolução do numerário.

Art. 469. As partes poderão apresentar quesitos suplementares durante a diligência, que poderão ser respondidos pelo perito previamente ou na audiência de instrução e julgamento.

Parágrafo único. O escrivão dará à parte contrária ciência da juntada dos quesitos aos autos.

Art. 470. Incumbe ao juiz:

I – indeferir quesitos impertinentes;

II – formular os quesitos que entender necessários ao esclarecimento da causa.

Art. 471. As partes podem, de comum acordo, escolher o perito, indicando-o mediante requerimento, desde que:

I – sejam plenamente capazes;

II – a causa possa ser resolvida por autocomposição.

§ 1º As partes, ao escolher o perito, já devem indicar os respectivos assistentes técnicos para acompanhar a realização da perícia, que se realizará em data e local previamente anunciados.

§ 2º O perito e os assistentes técnicos devem entregar, respectivamente, laudo e pareceres em prazo fixado pelo juiz.

§ 3º A perícia consensual substitui, para todos os efeitos, a que seria realizada por perito nomeado pelo juiz.

Art. 472. O juiz poderá dispensar prova pericial quando as partes, na inicial e na contestação, apresentarem, sobre as questões de fato, pareceres técnicos ou documentos elucidativos que considerar suficientes.

Art. 473. O laudo pericial deverá conter:

I – a exposição do objeto da perícia;

II – a análise técnica ou científica realizada pelo perito;

III – a indicação do método utilizado, esclarecendo-o e demonstrando ser predominantemente aceito pelos especialistas da área do conhecimento da qual se originou;

IV – resposta conclusiva a todos os quesitos apresentados pelo juiz, pelas partes e pelo órgão do Ministério Público.

§ 1º No laudo, o perito deve apresentar sua fundamentação em linguagem simples e com coerência lógica, indicando como alcançou suas conclusões.

§ 2º É vedado ao perito ultrapassar os limites de sua designação, bem como emitir opiniões pessoais que excedam o exame técnico ou científico do objeto da perícia.

§ 3º Para o desempenho de sua função, o perito e os assistentes técnicos podem valer-se de todos os meios necessários, ouvindo testemunhas, obtendo informações, solicitando documentos que estejam em poder da parte, de terceiros ou em repartições públicas, bem como instruir o laudo com planilhas, mapas, plantas, desenhos, fotografias ou outros elementos necessários ao esclarecimento do objeto da perícia.

Art. 474. As partes terão ciência da data e do local designados pelo juiz ou indicados pelo perito para ter início a produção da prova.

Art. 475. Tratando-se de perícia complexa que abranja mais de uma área de conhecimento especializado, o juiz poderá nomear mais de um perito, e a parte, indicar mais de um assistente técnico.

Art. 476. Se o perito, por motivo justificado, não puder apresentar o laudo dentro do prazo, o juiz poderá conceder-lhe, por uma vez, prorrogação pela metade do prazo originalmente fixado.

Art. 477. O perito protocolará o laudo em juízo, no prazo fixado pelo juiz, pelo menos 20 (vinte) dias antes da audiência de instrução e julgamento.

§ 1º As partes serão intimadas para, querendo, manifestar-se sobre o laudo do perito do juízo no prazo comum de 15 (quinze) dias, podendo o assistente técnico de cada uma das partes, em igual prazo, apresentar seu respectivo parecer.

§ 2º O perito do juízo tem o dever de, no prazo de 15 (quinze) dias, esclarecer ponto:

I – sobre o qual exista divergência ou dúvida de qualquer das partes, do juiz ou do órgão do Ministério Público;

II – divergente apresentado no parecer do assistente técnico da parte.

§ 3º Se ainda houver necessidade de esclarecimentos, a parte requererá ao juiz que mande intimar o perito ou o assistente técnico a comparecer à audiência de instrução e julgamento, formulando, desde logo, as perguntas, sob forma de quesitos.

§ 4º O perito ou o assistente técnico será intimado por meio eletrônico, com pelo menos 10 (dez) dias de antecedência da audiência.

Art. 478. Quando o exame tiver por objeto a autenticidade ou a falsidade de documento ou for de natureza médico-legal, o perito será escolhido, de preferência, entre os técnicos dos estabelecimentos oficiais especializados, a cujos diretores o juiz autorizará a remessa dos autos, bem como do material sujeito a exame.

§ 1º Nas hipóteses de gratuidade de justiça, os órgãos e as repartições oficiais deverão cumprir a determinação judicial com preferência, no prazo estabelecido.

§ 2º A prorrogação do prazo referido no § 1º pode ser requerida motivadamente.

§ 3º Quando o exame tiver por objeto a autenticidade da letra e da firma, o perito poderá requisitar, para efeito de comparação, documentos existentes em repartições públicas e, na falta destes, poderá requerer ao juiz que a pessoa a quem se atribuir a autoria do documento lance em folha de papel, por cópia ou sob ditado, dizeres diferentes, para fins de comparação.

Art. 479. O juiz apreciará a prova pericial de acordo com o disposto no art. 371, indicando na sentença os motivos que o levaram a considerar ou a deixar de considerar as conclusões do laudo, levando em conta o método utilizado pelo perito.

Art. 480. O juiz determinará, de ofício ou a requerimento da parte, a realização de nova perícia quando a matéria não estiver suficientemente esclarecida.

§ 1º A segunda perícia tem por objeto os mesmos fatos sobre os quais recaiu a primeira e destina-se a corrigir eventual omissão ou inexatidão dos resultados a que esta conduziu.

§ 2º A segunda perícia rege-se pelas disposições estabelecidas para a primeira.

§ 3º A segunda perícia não substitui a primeira, cabendo ao juiz apreciar o valor de uma e de outra.

Seção XI

Da Inspeção Judicial

Art. 481. O juiz, de ofício ou a requerimento da parte, pode, em qualquer fase do processo, inspecionar pessoas ou coisas, a fim de se esclarecer sobre fato que interesse à decisão da causa.

Art. 482. Ao realizar a inspeção, o juiz poderá ser assistido por um ou mais peritos.

Art. 483. O juiz irá ao local onde se encontre a pessoa ou a coisa quando:

I – julgar necessário para a melhor verificação ou interpretação dos fatos que deva observar;

II – a coisa não puder ser apresentada em juízo sem consideráveis despesas ou graves dificuldades;

III – determinar a reconstituição dos fatos.

Parágrafo único. As partes têm sempre direito a assistir à inspeção, prestando esclarecimentos e fazendo observações que considerem de interesse para a causa.

Art. 484. Concluída a diligência, o juiz mandará lavrar auto circunstanciado, mencionando nele tudo quanto for útil ao julgamento da causa.

Parágrafo único. O auto poderá ser instruído com desenho, gráfico ou fotografia.

FASE DECISÓRIA – RAZÕES FINAIS – SENTENÇA NOS DISSÍDIOS INDIVIDUAIS

Encerrada a instrução, colhida toda a prova sobre a matéria de fato tratada no processo, inicia-se a fase decisória. No entanto, o juiz, antes de proferir a decisão, concederá às partes a oportunidade de aduzirem suas razões finais.

Razões finais

Conceito: Alegações finais ou razões finais é o momento processual de grande importância, em que é concedido aos litigantes a oportunide ser requerida a revisão do valor da causa fixado pelo juiz, a declaração de nulidades sobre as quais a parte ainda não pode se pronunciar, como também apresentarem um resumo dos fatos acontecidos no processo desde o início da ação até o final da instrução, com a finalidade de ser aprimorado o convencimento do juiz ressaltando-se os pontos favoráveis da parte que a está produzindo.

Fundamentação legal: O artigo 850 da CLT estabelece que "terminada a instrução poderão as partes aduzir razões finais..."

Forma: Podem ser feitas oralmente, em audiência, após o final da fase de instrução, em 10 minutos. Mas pode ocorrer de ser concedido prazo para a apresentação das razões finais por escrito.

Consequência da não apresentação: Razões finais são de apresentação facultativa. A não apresentação não terá como consequência de regra, prejuízo direto ou indireto de ordem processual.

Razões finais no rito sumaríssimo: Não há previsão legal de razões finais quando a ação se processa pelo rito sumaríssimo e ficará ao critério do juiz autorizá-las ou não.

Segunda tentativa de conciliação

Após a apresentação das razões finais e antes da sentença, o Juiz do Trabalho deverá renovar a proposta de conciliação. Se houver acordo, não haverá julgamento.

Acerca de razões finais, temos o seguinte texto no endereço: http://www.conjur.com.br/1998-set-21/observacoes_processo_civil_trabalhista

DAS RAZÕES FINAIS

(observações no processo civil e trabalhista)

Razões finais, alegações finais ou, ainda, memoriais (estes escritos), são a última manifestação das partes – autor e réu, bem como o terceiro que interveio no processo, pessoalmente ou mediante procurador constituído nos autos – com vistas à prolação da sentença ou julgamento em primeiro grau de jurisdição. São, portanto, o último ato processual praticado por ambas as partes após o procedimento instrutório, mas sempre antes de proferida a sentença do juízo monocrático.

O conteúdo das razões finais é amplo, sendo facultado às partes, então, discorrer sobre tudo o que aconteceu no bojo da instrução processual, com o escopo de formar, em arremate final, o convencimento do julgador.

Daí, depreende-se que somente em havendo necessidade de produção de provas em audiência, seja documental, testemunhal ou pericial, é que será facultado às partes, ao cabo do ocorrido, aduzir as respectivas razões derradeiras.

Igualmente, é de se considerar que as razões somente fazem sentido nos processos de jurisdição contenciosa, onde presente o litígio ou dissenso entre autor e réu, posto que, nestes requer-se a necessidade de produção de provas em juízo (à exceção do julgamento antecipado da lide). Destarte, nos processos de jurisdição voluntária (ou graciosa), onde a atividade do magistrado cinge-se à observância de formalidades legais, em razão de haver comunhão de interesses entre os requerentes (e não partes), não há falar em razões finais.

De modo que, instrução e razões finais são dois institutos processuais indissociáveis. O primeiro – concentrando a apuração das provas especificadas e produzidas pelas partes, desde os esclarecimentos dos peritos e assistentes técnicos (se o caso exigir), até o depoimento da última testemunha arrolada pela parte demandada; o segundo – a manifestação escrita ou oral do autor e do réu, sucessivamente, sobre todo o repertório probante apurado em audiência.

A lei processual civil (disciplinando o procedimento ordinário) diz que uma vez encerrada a instrução, terão lugar os debates orais ofertados pelos advogados das partes, pelo prazo de 20 minutos para cada um deles, prorrogável por mais 10 (art. 454, *caput* – CPC). Nesse patamar, digno de críticas o Código, posto que o sistema da oralidade, modernamente, acha-se mitigado, diversamente do que ocorria à época do CPC de 1939.

O certo é que, ainda que a vexata quaestio não seja de alta indagação, os patronos deverão lançar mão de prazos extremamente razoáveis para discorrer sobre todos os acontecimentos exibidos na instrução do processo.

É pertinente dessa forma porque podem ter ocorrido incidentes no curso da instrução (*v. g.*, contradita de testemunhas, impugnações de documentos, alegações orais de temas preclusivos, alguma preliminar inacolhida pelo magistrado etc.) que mereçam comentários, por escrito, o que permite ao advogado, em face do deferimento de um eventual prazo – seja de 05, seja de 10 dias – a análise detida dos autos fora de cartório, facultando-se ao patrono ainda trazer à colação entendimentos doutrinários e jurisprudenciais sobre a tese por si próprio defendida.

Aliás, nesse patamar o CPC já faculta ao juiz (art. 454, § 3º), em encerrando os trabalhos instrutórios, deferir prazo para a apresentação de memoriais. Mas condiciona tal deferimento à hipótese da causa apresentar questões complexas de fato ou de direito.

Ficou a cargo dos doutrinadores, então, verificar o que se entende por "questão complexa de fato ou de direito".

Talvez aquela que requeira o auxílio de profissionais de outras áreas da ciência para a solução da lide; o que ocorre comumente nas causas onde as partes apresentem trabalhos periciais, sob forma de laudos, o que ensejaria impugnações.

No procedimento sumário, instituído pela Lei n. 9.245, de 26.12.95, as razões finais limitam-se ao descrito no artigo 281 do CPC: "Findos a instrução e os debates orais, o juiz proferirá sentença na própria audiência ou no prazo de 10 (dez) dias" (c/ grifo nosso).

Depreende-se, do dispositivo descrito, que as razões serão igualmente apresentadas oralmente, sendo que o Código não estipulou tempo para as partes discorrerem sobre a instrução, como o fez no procedimento ordinário. Muito menos facultou às partes a apresentação de memoriais quando a causa apresentar questões complexas.

Na prática, por vezes, o que ocorre é a conversão do procedimento sumário em ordinário, conforme prevê dispositivo próprio (art. 277, § 4º – CPC).

Dessa forma, aplicar-se-á, então, toda a disciplina das razões finais do procedimento ordinário (quanto a prazos específicos e quanto à possibilidade de apresentação de memoriais), sobre a causa originariamente concebida sob a égide do procedimento sumário.

Tem-se, então, que para o processo civil, a regra é a da apresentação de debates orais; a exceção reside na faculdade de apresentação de memoriais, que tanto podem ser requeridos em comum acordo pelos patronos, como dispensado por qualquer deles.

No processo trabalhista, a regra de apresentação de razões finais está disciplinada no artigo 850, *caput*, do Diploma Consolidado: "Terminada a instrução, poderão as partes aduzir razões finais, em prazo não excedente de dez minutos para cada uma".

Vê-se, então que a disciplina das razões na seara trabalhista é quase a mesma do cível (à exceção da referência à apresentação de memoriais, estes raramente acolhidos pelos juízes do trabalho).

Na prática, o que se observa é a atitude do magistrado em facultar aos patronos aduzir oralmente suas razões. Estes, na grande maioria dos casos, manifestam-se reiterativamente quanto às peças mestras já apresentadas (petição inicial e contestação).

No entanto, melhor e mais seguro seria que se procedesse a uma alteração legislativa modificadora do mencionado artigo de lei. As partes apresentariam suas razões dentro de 48 h., sucessivamente, para cada uma, com autos fora de cartório, o que não chega a atentar contra os princípios norteadores do processo trabalhista, particularmente, o da celeridade e o da concentração dos atos processuais em audiência.

Findo o prazo, aduzidas ou não as razões finais escritas, os autos iriam imediatamente conclusos ao julgador para prolação de sentença. Percebe-se, então, que a celeridade seria mantida ao mesmo tempo em que os advogados teriam amplas condições em formar melhor o convencimento do julgador acerca de todos os temas surgidos na instrução.

Pela conclusão deste breve trabalho, tem-se como proposta para futura alteração legislativa a inversão da sistemática de apresentação das razões finais. A regra seria, então, a de apresentação de memoriais (escritos) com prazos fixados na lei (dentre 05 e 10 dias para o processo civil – e 48h. para alegações no processo trabalhista), sendo faculdade da parte sempre optar pelas alegações orais. Desta forma, os patronos, bom que se reitere, formariam mais detidamente a convicção do julgador, ao mesmo tempo em que a rapidez na prestação jurisdicional estaria inabalada.

REFERÊNCIAS BIBLIOGRÁFICAS

ALMEIDA, Amador Paes de. Exceção de pré-executividade no processo do trabalho. São Paulo: *Revista de Direito Mackenzie*, n.1, 2000.

ALMEIDA, Isis. *Manual de direito processual do trabalho.* 5. ed. São Paulo: LTr, 1993.

ALMEIDA, Lúcio Rodrigues de. *Recursos trabalhistas.* Rio de Janeiro: AIDE, 1996.

_____. *Execução trabalhista.* Rio de Janeiro: AIDE, 1997.

BOUCINHAS FILHO, Jorge Cavalcanti. A Exceção de pré-executividade na Justiça do Trabalho. Procuradoria Regional do Trabalho da 21ª Região. Disponível em:<http://www.prt21.gov.br/estag/artig_jorge.htm>.Acesso em: 14 ago. 2003.

BRAGA, Nelson Tomaz. Exceção de pré-executividade. Escola da Magistratura do Trabalho do Rio de Janeiro. Disponível em: <http://www.ematrarj.com.br/revista/artigos/artrev33.html>. Acesso em: 14 ago. 2003.

BRASIL. Constituição Federal. *Código civil e código de processo civil.* 3.ed. Porto Alegre: Verbo Jurídico, 2003.

BRASIL. Tribunal Regional do Trabalho da 23ª Região. Jurisprudência trabalhista. *Síntese Trabalhista.* n.143, p.59, maio 2001.

BRASIL. Tribunal Superior do Trabalho. Jurisprudência. Disponível em: <http://www.tst.gov.br>. Acesso em: 15 ago. 2003.

CAHALI, Yussef Said. *Fraude contra credores.* São Paulo: RT, 1999.

CARRION, Valentin. *Comentários à CLT.* 27. ed. São Paulo: Saraiva, 2002.

_____. *Comentários à CLT.* São Paulo: Saraiva, 2003.

_____. *Revista do Trabalho & Doutrina*, n. 12, março/1997.

FARIAS, Rodrigo Nobrega. A Exceção de Pré-Executividade no Processo do Trabalho. Tribunal Regional do Trabalho da 13ª Região. Disponível em: <http://www.trt13.gov.br/revista/rodrigo> Acesso em: 14 ago. 2003.

FREDIANI, Yone. *Exceção de pré-executividade no processo do trabalho.* São Paulo: LTr, 2002.

GERAIGE NETO, Zaiden. O Processo de execução no Brasil e alguns tópicos polêmicos. In: SHIMURA, Sérgio. WAMBIER, Teresa Arruda Alvim. (Coord.). *Processo de execução e assuntos afins.* São Paulo: RT, 2001. v.2, p.749-764.

HAESER, Moacir Leopoldo. Exceção de pré-executividade [mensagem pessoal]. Recebida por <daiana@sulware.com.br> em 04 set. 2002.

KNIJNIK, Danilo. *A exceção de pré-executividade.* Rio de Janeiro: Forense, 2001.

LUCON, Paulo Henrique dos Santos. Objeção na execução (Objeção e exceção de pré-executividade). In: SHIMURA, Sérgio. WAMBIER, Teresa Arruda Alvim. (Coord.). *Processo de execução e assuntos afins.* São Paulo: RT, 2001. v.2. p.568-595.

LYRA FILHO, Roberto. *O que é direito*. 18.ed. São Paulo: Brasiliense, 1997.

LZN INFORMÁTICA E EDITORA. *Direito Informatizado brasileiro*. LZN, 2002. 1 CD-ROM.

MALTA, Christovão Piragibe Tostes. *Prática do processo trabalhista*. 25. ed. Aume. e atual. São Paulo: LTr, 1994.

_____. *Prática do processo trabalhista*. 31.ed. São Paulo: LTr, 2002.

MARTINS, Sérgio Pinto. *Direito processual do trabalho*. 27. ed. São Paulo: Atlas, 2007.

MARZANO, Ângelo Alexandre; ZANLUQUI, Wilson Julio. Considerações sobre a negativa no SERASA. In: SHIMURA, Sérgio; WAMBIER, Teresa Arruda Alvim. (Coord.). *Processo de execução e assuntos afins*. São Paulo: RT, 2001. v.2. p.28-40.

MENDONÇA LIMA, Alcides. *Recursos trabalhistas*. 2. ed. São Paulo: RT, 1970.

MENEZES, Cláudio Armando Couce de; BORGES, Leonardo Dias. Objeção de Exceção de Pré-Executividade e de Executividade no Processo do Trabalho. *Síntese Trabalhista*, Porto Alegre, n.115, p. 5, jan. 1999.

MOREIRA, Alberto Camiña. *Defesa sem embargos do executado*: Exceção de pré-executividade. São Paulo: Saraiva, 2000.

NADER, Paulo. *Filosofia do direito*. Rio de Janeiro: Forense, 1999.

NASCIMENTO, Amauri Mascaro. *Curso de direito processual do trabalho*. 20.ed. São Paulo: Saraiva, 2001.

_____. *Curso de direito do trabalho*. São Paulo: Saraiva, 1999.

OLIVEIRA, Francisco Antônio de. *A execução na Justiça do Trabalho*. 4.ed. São Paulo: RT, 1999.

PINTO, José Augusto Rodrigues. *Execução trabalhista*. 9.ed. São Paulo: Ltr, 2002.

PONTES DE MIRANDA, Francisco Cavalcanti. Parecer n.95. *Dez Anos de Pareceres*. v.4. Rio de Janeiro: Francisco Alves, 1975.

PRETTI, Gleibe. *CLT comentada*. São Paulo: Ícone, 2009.

_____. *Procedimentos especiais na Justiça do Trabalho*. São Paulo: Saraiva, 2008.

SILVA, Ovídio Batista da. *Sentença e coisa julgada*. 3. ed. Porto Alegre: Sérgio Antônio Fabris Editor, 1995.

SÍNTESE PUBLICAÇÕES. *Juris Síntese Millennium* – Legislação, Jurisprudência, Doutrina e Prática Processual. São Paulo: Síntese, 2002. 1 CD-ROM.

SIQUEIRA FILHO, Luiz Peixoto de. *Exceção de pré-executividade*. 3.ed. Rio de Janeiro: Lumen Juris, 2000.

STURMER, Gilberto. *A exceção de pré-executividade nos processos civil e do trabalho*. Porto Alegre: Livraria do Advogado, 2001.

TEIXEIRA FILHO, Manoel Antônio. *As alterações no CPC e suas repercussões no processo do trabalho*. 4. ed. São Paulo: LTr, 1996.

_____. *Execução no processo do trabalho*. 4. ed. São Paulo: LTr, 1993.

_____. *Execução no processo do trabalho*. 7.ed. São Paulo: LTr, 2001.

THEODORO JÚNIOR, Humberto. *Processo de execução*. 33. ed. Rio de Janeiro: Forense, 2002.

UNIVERSIDADE DO VALE DO RIO DOS SINOS. Processo Virtual do Trabalho. Fase de Execução. Disponível em: <http://www.direito.unisinos.br/trabalho> Acesso em: 16 ago. 2003.

WAMBIER, Teresa Arruda Alvim. (Coord.). *Processo de execução e assuntos afins*. São Paulo: RT, 2001. v.2.

Sites:

www.trt02.gov.br

www.tst.gov.br

www.direitonet.com.br

www.otrabalho.com.br

www.professorgleibe.com.br

Produção Gráfica e Editoração Eletrônica: PIETRA DIAGRAMAÇÃO
Projeto de capa: FABIO GIGLIO
Impressão: BOK2